复合地层盾构施工量化控制技术

韩爱民 李 彤 王建军 苏 明 施烨辉 著

中国建筑工业出版社

图书在版编目（CIP）数据

复合地层盾构施工量化控制技术/韩爱民等著. —北京：中国建筑工业出版社，2021.4
ISBN 978-7-112-26509-1

Ⅰ.①复… Ⅱ.①韩… Ⅲ.①盾构法 Ⅳ.①U455.43

中国版本图书馆 CIP 数据核字(2021)第 177024 号

责任编辑：曹丹丹
策划编辑：王　治
责任校对：芦欣甜

复合地层盾构施工量化控制技术
韩爱民　李　彤　王建军　苏　明　施烨辉　著

*

中国建筑工业出版社出版、发行（北京海淀三里河路9号）
各地新华书店、建筑书店经销
北京科地亚盟排版公司制版
北京建筑工业印刷厂印刷

*

开本：787毫米×1092毫米　1/16　印张：9¼　字数：231千字
2021年12月第一版　2021年12月第一次印刷
定价：38.00元
ISBN 978-7-112-26509-1
（37122）

版权所有　翻印必究
如有印装质量问题，可寄本社图书出版中心退换
（邮政编码 100037）

前　言

土压平衡式盾构的掘进是全断面掘进，构成掌子面的地层通常并非均一地层，而是非均匀的复合地层，而且地层在空间上的分布不断变化，这就给盾构施工的定量控制带来一定困难。盾构施工三个关键点——掘进、稳定掌子面和隧道成型的控制措施，既要最大程度地适用于掌子面内的各地层，又要在保证设备完好的情况下，最大限度地挖掘设备工作潜能以提高掘进效率。因此，在土压平衡式盾构掘进复合地层时，其施工参数的动态控制，对隧道的安全掘进、工程造价和工期显得格外重要。

本书作者所在的科研团队，通过总结南京安山岩地层中的盾构施工经验，将安山岩复合地层盾构施工的主要难点归纳如下：（1）地层坚硬，掘进困难；（2）掘进工段内地层变化大，掘进参数预测及优化难以把握；（3）地下水丰富，注浆填充效果不理想；（4）渣土改良难度大；（5）贯通限差、地面沉降、节能减排、施工质量等综合控制难以达到预期效果。

为了解决以上问题，在南京工业大学、中交一公局集团有限公司、中交隧道工程局有限公司、江苏省地质矿产局第一地质大队、江苏省隧道与地下工程技术研究中心、江苏省岩土工程公司、南京坤拓土木工程科技有限公司等单位的协同和支持下，作者针对土压平衡式盾构机穿越长距离、高强度安山岩复合地层施工过程中的掘进参数优化控制、渣土改良工艺参数控制、注浆材料配比设计等施工中较为关键的问题，采用理论分析与统计计算相结合、室内试验与现场试验相结合的手段开展了系统研究，摸索建立了一套施工参数的量化和优化控制方法，显著提高了盾构掘进效率，节省了工程造价，缩短了工期。系列成果主要体现在以下几方面：

1. 提出了土压平衡盾构全断面等效岩体基本质量指标（BQ_E）的概念，构建了盾构关键参数和BQ_E之间的相关关系。

2. 提出了以掘进效率特征值为最优控制目标的掘进参数优化算法，实现了复杂地层盾构掘进的参数动态优化。

3. 提出了基于浆体目标性质的材料配合比定量预测方法，并通过成本分析，得出了最优注浆浆液配比。

4. 利用多种级配方程对比分析了不同掘进参数下渣土颗粒的几何特征，提出了基于地层性质及掘进参数的渣土改良施工参数的量化方法。

以此为基础，形成了一整套土压平衡盾构机穿越长距离、高强度安山岩复合地层施工技术，建立了比较完整、清晰、理论联系实际的技术路线，克服了目前施工技术研究碎片化、离散化的不足，为一线施工管理人员提供了容易理解、方便使用的参数预测及优化工具，进一步丰富了隧道施工智能控制技术。相关成果已经成功应用于南京市宁高城际轨道交通二期禄口新城南站至铜山站盾构区间、广州市轨道交通二十一号线棠东站至黄村站盾构区间、深圳市城市轨道交通8号线一期工程深外站至盐田站盾构区间等盾构工程，总体效果令人满意，社会和经济效益显著，推广应用前景广阔。

需要指出的是，土压平衡盾构掘进复合地层施工参数的定量预测、动态优化和控制技术是一项涉及多门学科、专业交叉密集、理论和实践性都比较强的综合课题，许多问题目前还难以达成统一认识。本书内容仅是作者近五年来的现场经验总结和理论上的一些探索，由于水平有限，错漏和不足之处，恳请读者批评指正。

本书是盾构施工项目管理人员富有价值的参考资料，也可作为隧道工程相关专业方向研究生的教学培养教材。

在本书完成之际，由衷感谢南京工业大学、中交一公局集团有限公司、中交隧道工程局有限公司、江苏省地质矿产局第一地质大队、江苏省隧道与地下工程技术研究中心、江苏省岩土工程公司、南京坤拓土木工程科技有限公司等单位为本项研究提供的大力支持与帮助。

感谢南京大学施斌教授，同济大学肖军华教授，中国人民解放军陆军工程大学王明洋教授、濮仕坤博士，南京工业大学蒋刚教授、王志华教授，中交隧道工程局吴永哲高级工程师、陈冬高级工程师、陈冲高级工程师，江苏省岩土工程公司黄新强研究员级高级工程师、王才勇研究员级高级工程师、刘雪珠研究员级高级工程师、柴立计高级工程师、许士海高级工程师等对研究工作的指导和无私帮助。

研究生彭国峰等在现场调查、试验研究、资料收集、数据处理和分析工作方面先后持续做了大量工作，在此一并致谢。

2020 年 9 月于南京

目　　录

第1章　绪　　论 ·· 1
  1.1　工程概况 ·· 1
    1.1.1　工程背景 ·· 1
    1.1.2　地层及场地条件 ·· 2
  1.2　工程难点 ·· 8
  1.3　国内外研究现状 ··· 8
    1.3.1　盾构选型研究进展 ·· 8
    1.3.2　盾构掘进参数预测方法研究进展 ····································· 9
    1.3.3　盾构渣土改良技术研究进展 ··· 10
    1.3.4　注浆材料及工艺研究进展 ·· 10
    1.3.5　盾构施工参数优化研究进展 ··· 11
  1.4　研究内容 ··· 11
    1.4.1　总体思路 ·· 11
    1.4.2　技术方案 ·· 11
  1.5　创新点 ·· 14
  1.6　研究意义 ··· 15

第2章　盾构机选型研究 ·· 16
  2.1　工程重点难点分析 ··· 16
  2.2　选型依据 ··· 16
  2.3　盾构机组成及主要参数 ··· 17
  2.4　盾构机刀盘及刀具选型研究 ··· 17
  2.5　机电设备选型研究 ··· 20
    2.5.1　驱动系统 ·· 20
    2.5.2　推进系统 ·· 21
    2.5.3　螺旋输送机 ··· 22
    2.5.4　渣土改良系统 ·· 22
    2.5.5　耐磨措施 ·· 22
    2.5.6　双室人闸系统 ·· 23
    2.5.7　皮带输送机 ··· 23
    2.5.8　管片运输设备 ·· 24
    2.5.9　拼装机 ··· 24

  2.5.10 土压控制系统 ... 24
  2.5.11 注浆系统 ... 25
  2.5.12 盾尾密封系统 ... 25
 2.6 盾构机适应性分析 ... 25
 2.7 类似工程盾构机选型成功案例 ... 26
 2.8 本章小结 ... 26

第3章 盾构穿越复合地层掘进参数定量预测方法研究 ... 27

 3.1 工程概况 ... 27
  3.1.1 地质条件 ... 27
  3.1.2 地质分段 ... 28
  3.1.3 掘进参数的获取与分段统计 ... 31
 3.2 掘进参数回归分析方法研究 ... 32
  3.2.1 方法原理 ... 32
  3.2.2 分析步骤 ... 33
  3.2.3 针对非线性扩充子集的逐步回归方法 ... 35
 3.3 自变量选取方法研究 ... 35
  3.3.1 因子分析原理 ... 35
  3.3.2 单层主因子分析方法 ... 35
  3.3.3 自变量分层选取方法 ... 45
 3.4 改进最优子集法的回归计算方法 ... 46
  3.4.1 最优子集法机理及过程 ... 46
  3.4.2 协变量扩充最优子集法 ... 51
 3.5 掘进参数回归分析 ... 53
  3.5.1 推进速率预测模型 ... 53
  3.5.2 刀盘扭矩预测模型 ... 56
  3.5.3 回归预测模型地层适应性分析 ... 59
 3.6 应用等效岩体基本质量指标预测掘进参数的定量方法 ... 60
  3.6.1 实施步骤 ... 60
  3.6.2 应用价值 ... 63
 3.7 本章小结 ... 64

第4章 复合地层渣土改良量化施工方法研究 ... 66

 4.1 全风化、强风化复合地层渣土物理性质 ... 66
  4.1.1 渣土取样正交试验 ... 66
  4.1.2 渣土物理性质 ... 66
  4.1.3 渣土级配方程与掘进参数关系分析 ... 70
 4.2 全风化、强风化复合地层渣土改良技术试验研究 ... 73
  4.2.1 渣土改良方式比较 ... 73

  4.2.2 泡沫剂性能 ··· 74
  4.2.3 渣土改良试验 ··· 75
  4.2.4 渣土改良混合物流动性分析 ··· 76
 4.3 中等风化复合地层渣土特征 ··· 78
  4.3.1 渣土取样正交试验 ··· 78
  4.3.2 渣土颗粒级配 ··· 78
  4.3.3 渣土颗粒几何特征 ··· 80
 4.4 中等风化复合地层渣土改良技术试验研究 ··· 83
  4.4.1 渣土流动性试验 ··· 84
  4.4.2 渣土流动性分析 ··· 84
 4.5 本章小结 ··· 85

第5章 注浆材料与注浆工艺研究 ··· 87

 5.1 同步注浆材料选择 ··· 87
 5.2 同步注浆材料物理及力学特性 ··· 87
  5.2.1 影响因素分析 ··· 87
  5.2.2 稠度试验 ··· 88
  5.2.3 密度试验 ··· 90
  5.2.4 倾析率试验 ··· 90
  5.2.5 初终凝试验 ··· 91
  5.2.6 立方体抗压强度试验 ··· 91
  5.2.7 试验结果 ··· 92
  5.2.8 浆液性能参数回归分析 ··· 93
 5.3 同步注浆材料配合比优化 ··· 94
 5.4 同步注浆材料配合比预测方法 ··· 95
 5.5 同步注浆工艺优化 ··· 96
 5.6 二次注浆 ··· 96
 5.7 注浆效果检验及分析 ··· 97
  5.7.1 探测手段 ··· 97
  5.7.2 注浆填充效果 ··· 97
 5.8 本章小结 ··· 100

第6章 盾构施工参数优化控制技术研究 ··· 102

 6.1 掘进参数优化 ··· 102
  6.1.1 掘进效率特征值 ··· 102
  6.1.2 掘进参数最优控制问题 ··· 104
  6.1.3 网格划分与计算 ··· 105
  6.1.4 计算结果后处理 ··· 108
 6.2 辅助工法施工参数优化 ··· 111

6.3 本章小结 111

第7章 结论与应用效果 112

7.1 结论 112
7.2 应用效果 113

附录A 掘进参数预测值与实测值间对比 114

附录B 地质条件与勘察资料存在出入时的处理措施 117

B.1 总则 117
B.2 主要步骤 117

附录C 长距离盾构隧道贯通限差控制技术 121

C.1 原理及流程 121
C.2 仪器及人员配置 127
C.3 质量控制 127
C.4 安全措施 127
C.5 环保措施 128
C.6 效益分析 128
C.7 应用实例及误差分析 128
C.8 本章小结 128

附录D 盾构隧道出渣泥渣分离施工工法 129

D.1 工法特点 129
D.2 适用范围 130
D.3 工艺原理 130
D.4 机械设备 130
D.5 劳动力组织 130
D.6 施工工艺流程及操作要点 131
D.7 效益分析 132
D.8 工法推广存在的问题及推广建议 133

附录E 盾构掘进复合地层地表沉降控制技术 134

E.1 沉降监测方案 134
E.2 地表沉降的空间分布规律 134
E.3 注浆施工参数与地表沉降关系 136
E.4 地表沉降控制措施 137
E.5 本章小结 138

参考文献 139

第1章 绪 论

盾构机是能够实现隧道全断面开挖、渣土处理外运、拼装衬砌、注浆稳固等步骤的隧道断面机械化成型施工设备,虽已广泛应用于国内外的隧道建设,但在施工中仍然面临一些难题。其中,掘进参数选择、渣土改良、注浆工艺的优化控制等仍是困扰盾构智能化施工管理的主要问题。由于机械——围岩间相互作用的量化机理尚不明确,优化决策计算要素欠缺,工程地质信息量大且精准获取难度高,设备难以及时调整于最优掘进状态。此外,由于施工中掌子面存在变异,各掘进参数均存在波动,掘进参数预测的速度难以跟上刀盘掘进地层的变化情况。为了对盾构在复合地层中的掘进参数、渣土改良及注浆工艺参数的变化规律进行探索研究和成果应用,我们从工程实践出发,开展现场及室内试验、统计分析和优化计算,针对复合地层中的盾构施工参数定量优化技术开展了系统研究,获得了初步成果,在工程实际中取得了一些成效。

最初的研究从宁高城际轨道交通二期禄口新城南站~铜山站盾构区间坚硬的安山岩复合地层开始。当时盾构面临的主要难题是,需要破碎的地层为坚硬岩,单轴抗压强度平均超过 60MPa,最大达 130MPa,导致掘进缓慢,而且掌子面内为复合地层,软硬不一,刀盘受损严重,给正常施工带来很大困难。课题组在理论计算的基础上,在先行掘进的左线开展初步试验,总结规律,摸索符合地层条件的优化参数,用于指导两个半月后开始的右线施工,取得较好效果。

1.1 工程概况

1.1.1 工程背景

宁高城际轨道交通二期禄口新城南站~铜山站盾构区间,线路线间距 13.5~13.6m,线路平面图如图 1-1 所示。盾构区间长 2390 双延米,隧道埋深 5.8~21.4m。盾构区间主要风险点见表 1-1。

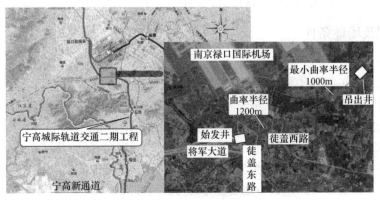

图 1-1 盾构区间线路平面图

盾构区间主要风险点　　　　　　　　　　　　　　　　表 1-1

序号	风险点概况
1	盾构区间沿线地表分布多处水塘（沟），地表水及地下水水力联系强，隧道埋深浅
2	下穿徒盖西路，徒盖西路两侧埋设有：天然气管道、供水管道、通信光缆、电线管道 
3	机场一期既有线和机场跑道尽头距离隧道区间 70～108m

左线隧道 2014 年 6 月 15 日始发，2015 年 11 月 2 日贯通，历时 506d；右线隧道 2014 年 9 月 1 日始发，2016 年 1 月 12 日贯通，历时 499d。

1.1.2 地层及场地条件

（1）工程地质

勘察揭露地层上部均为第四系松散沉淀物，下伏为侏罗系基岩。

地表主要为苗木地。地貌单元为阶地，发育有坳沟亚地貌。隧道埋深 5.8～21.4m。主要穿越地层为 J31-2 强风化安山岩（饱和单轴抗压强度平均值 14.2MPa，标准值 12.0MPa）、J31-3 中等风化安山岩（饱和单轴抗压强度平均值 63.35MPa，标准值 60.2MPa，最大值 130MPa）。穿越地层基本资料见图 1-2 及表 1-2。为便于研究，将隧道穿越地层组成相同且地质纵断面中地层分界线与隧道轴线近似平行的部分归为同一地质分段，地质分段统计见表 1-3 及表 1-4，穿越地层以上软下硬复合地层及均质地层为主。

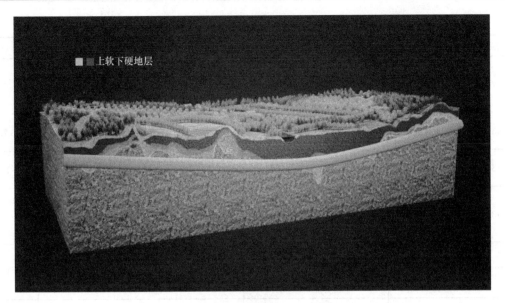

图 1-2 盾构区间纵断面示意

工程地质层分布与特征描述一览表　　　　　　　表 1-2

层号	地层名称	颜色	状态	特征描述	厚度（m）
①-1	杂填土	黄灰、褐色	松散-稍密	由碎砖、碎石、瓦片混粉质黏土填积，均匀性较差，填龄约5年	0.3~0.8
①-2	素填土	灰黄、灰色	软-可塑	由粉质黏土混少量碎砖、碎石填积，均匀性较差，填龄在10年以上	0.3~2.7
①-2-1	素填土	灰黄、灰色	软-可塑	由粉质黏土混少量碎砖、碎石填积，均匀性较差，填龄在10年以上。为坝基土	0.4~3.5
①-3	淤泥、淤泥质填土	灰黑色	流塑	含腐殖物，有臭味，分布于沟塘底部	0.3~2.0
②-1b2-3	粉质黏土	灰黄、黄灰色	软-可塑	无摇振反应，切面稍有光泽，干强度、韧性中等偏高	0.5~5.5
②-2b3-4	淤泥质粉质黏土、粉质黏土	灰色	流塑（局部软塑）	局部夹薄层粉土，具水平沉积层理。无摇振反应，切面稍有光泽，干强度、韧性中等	0.3~6.1
②-2d3-4	细砂、中砂	灰色	松散-稍密	局部夹薄层粉质黏土	0.2~1.9
②-3b2-3	粉质黏土	青灰、灰色	软-可塑	局部夹薄层粉土，切面稍有光泽，干强度、韧性中等	0.3~3.8
③-1a+b1-2	粉质黏土、黏土	褐灰、褐黄色	可-硬塑	夹铁锰铁锰结核，切面较光滑，韧性、干强度中等偏高	0.6~6.0
③-2b2-3	粉质黏土	褐灰、褐黄色	软-可塑	夹薄层粉土，局部夹细砂，切面稍有光泽，干强度、韧性中等	0.3~6.0
③-2a+b3-4	淤泥质黏土~黏土	灰色	软-流塑	无摇振反应，切面稍有光泽，干强度、韧性中等偏低	0.3~2.3
③-3a+b1-2	粉质黏土、黏土	褐灰、褐黄色	可-硬塑	褐灰~褐黄色，可-硬塑。切面较光滑，韧性、干强度中等偏高。为膨胀土	0.2~9.5
③-4e	含卵砾石粉细砂	灰黄色	中密-密实	局部混少量中粗砂及粉质黏土，卵砾石含量不均匀，一般4%~25%不等，粒径2~6cm，少量大于10cm	0.3~2.3

续表

层号	地层名称	颜色	状态	特征描述	厚度（m）
④	残积土	棕红、褐黄色	可-硬塑	由基岩风化残留在原地，以黏性土为主，夹风化岩屑。切面稍有光泽，韧性、干强度中等	0.3~5.4
J31-1	凝灰质安山岩	紫色	全风化	风化强烈，岩芯呈砂土状，夹少量硬块状，结构基本破坏。岩体基本质量等级为Ⅴ类	0.3~2.4
J31-2	凝灰质安山岩	紫色~青灰	强风化	风化强烈呈砂土状，夹少量中风化岩块，遇水易软化。岩体基本质量等级为Ⅴ类	0.2~18.0
J31-3	凝灰质安山岩	紫色~青灰	中等风化	节理裂隙较发育，岩体较完整，局部岩体较破碎，属较硬岩~坚硬岩，岩体基本质量等级为Ⅲ~Ⅳ类	1.4~9.8
J31-3p	凝灰质安山岩	紫色~青灰	中等风化	节理裂隙发育，岩体破碎，属软岩~较软岩，局部为较硬岩，岩体基本质量等级为Ⅳ~Ⅴ类	0.6~15.3
J31-3r	凝灰质安山岩	紫色	中等风化	节理裂隙发育，岩体较破碎，属软岩~较软岩，岩体基本质量等级为Ⅳ~Ⅴ类	1.4~13.5

地质分段统计表　　　　　　表 1-3

断面编号	断面示意图	右线穿越环号	λ_r(%)	左线穿越环号	λ_l(%)
JZ-a	J31-3p	10~40，1420~1450，220~235，1865~1880	2.26	115~160，515~535，230~275，1380~1425，300~380，1590~1625，400~440，1665~1830	23.94
JZ-b	J31-3	275~310，510~545，340~385，560~620，665~690，1530~1555	11.28	550~580，600~710，1305~1350，1470~1500	10.84
JZ-c	J31-2	910~990	4.01	950~1025	3.78
RY-a	J31-2 / J31-3	145~185，490~510，645~665，690~735，1010~1045	8.27	440~475	1.76
RY-b	J31-3p / J31-3	235~275，310~340，545~560，620~645，1385~1420，1475~1505，1570~1680，1760~1810，1910~1994	19.51	160~230，275~300，380~400，535~550，580~600，1350~1380，1425~1470，1500~1590，1625~1665	16.38
RY-c	J31-2 / J31-3p / J31-3	385~460，990~1010，1045~1060，1505~1530，1540~1575，1680~1725，1810~1865	13.29	885~920，1055~1115	4.79

第1章 绪　论

续表

断面编号	断面示意图	右线穿越环号	$\lambda_r(\%)$	左线穿越环号	$\lambda_l(\%)$
RY-d	③/④ / J31-2 / J31-3r / J31-3p	95～145，770～885，1060～1150，1195～1210	13.54	830～850，920～950，1225～1245，1850～1915	6.80
RY-e	④ / J31-2	735～770，1150～1195，1230～1250	5.01	1270～1305	1.76
RY-f	J31-2 / J31-3p	40～60，410～490，885～910，1320～1350，1725～1760	9.53	475～515，1025～1055，1115～1170，1830～1850，1915～1984	10.79
RY-g	③-4e / ④ / J31-2	1250～1320	4.01	1170～1225，1245～1270	4.03
RY-h	④ / J31-3p	—	—	0～115	5.80
RY-i	④ / J31-2 / J31-3p / J31-3r	—	—	850～885	1.76
RY-j	③/④ / J31-3r / J31-3	—	—	740～820	4.03
RY-k	③-4e / J31-2 / J31-3	1210～1230	1.00	—	—
RY-l	J31-1 / J31-2 / J31-3p	60～95	1.76	—	—
RY-m	④ / J31-1 / J31-2 / J31-3r	—	—	710～740	1.51
YR-a	J31-3 / J31-3p	1350～1385	1.76	—	—
CD-a	J31-3 / J31-3p / J31-3	0～10，185～205，205～220	2.27	—	—

注：1. λ_r：地质分段分布长度占右线全线长度百分率；

　　λ_l：地质分段分布长度占左线全线长度百分率；

2. 表中 JZ 表示均质地层，RY 表示上软下硬复合地层，YR 代表上硬下软复合地层，CD 代表软硬重叠复合地层。

盾构穿越地层掌子面地层分布的分段统计　　　　　　　　　　　表 1-4

断面编号	各地层面积占比平均值				
	③-4、④	J31-2	J31-3r	J31-3p	J31-3
JZ-a	—	—	—	1	—
JZ-b	—	—	—	—	1
JZ-c	—	1	—	—	—
RY-a	—	0.59	—	—	0.41
RY-b	—	—	—	0.55	0.45
RY-c	—	0.29	—	0.51	0.2
RY-d	0.34	0.43	0.11	0.12	—
RY-e	0.28	0.72	—	—	—
RY-f	—	0.3	—	0.7	—
RY-g	0.3	0.7	—	—	—
RY-h	0.28	0.72	—	—	—
RY-i	0.17	0.24	0.19	0.4	—
RY-j	0.5	—	0.32	—	0.18
RY-k	0.12	0.78	—	—	0.1
RY-l	—	0.72	—	0.28	—
RY-m	0.16	0.65	0.19	—	—
YR-a	—	—	—	0.65	0.35
CD-a	—	—	—	0.59	0.41

注：表中 JZ 表示均质地层，RY 表示上软下硬复合地层，YR 代表上硬下软复合地层，CD 代表软硬重叠复合地层。

（2）水文地质

人工填土层（①-1 杂填土、①-2 素填土、①-2-1 素填土、①-3 淤泥质填土）透水性较好，属弱透水层。

全新世中晚期沉积的软弱黏性土（②-1b2-3 层粉质黏土、②-2b4 层淤泥质粉质黏土、粉质黏土、②-3b2-3 层粉质黏土）为微～弱透水地层，饱含地下水，给水性较差。

全新世早期沉积的土层中②-2d3-4 细砂～中砂、③-4e 层含卵砾石粉细砂为弱透水层，富水性、给水性较好，为承压含水层。

全新世早期沉积的黏性土（③-1a＋b1-2 层粉质黏土、③-3a＋b1-2 层粉质黏土、黏土）为微～不透水地层，富水性、给水性差；全新世早期沉积的黏性土（③-2b2-3、③-2a＋b3-4）为微～弱透水地层，富水性、给水性差，属相对隔水层。

基岩裂隙水（包括风化裂隙和构造裂隙）由于受裂隙分布及相互连通条件的影响，径流不畅，裂隙水量及地层渗透性具多变性。根据区域水文地质资料，下部基岩全～强风化富水性及透水性较强；中风化层富水性一般、透水性较差，为微～弱透水地层，水量贫乏。

（3）围岩矿物成分分析

安山岩鉴定成果在正交偏光和单偏光下拍得的数码照片如图 1-3 所示，鉴定成果如下：岩石手标本描述浅灰色块状，岩石具有变余斑状结构。

岩石中含斑晶约 70%，斑晶板柱状、长柱状、不规则状，长可达 2mm 左右，内部蚀变强烈。部分原斑晶成分为斜长石，表面及内部部分蚀变为硅质、高岭石、绢云母等。部分斑晶蚀变较为彻底,仅保留板柱状原斑晶晶形。个别长石斑晶可见机械破碎,碎块间位移较小。部分斑晶可见短柱状-长柱状,内部多已彻底蚀变为硅质、绢云母等,外围常包裹不透明铁质环边,仅个别颗粒可见少量蚀变残余原角闪石斑晶。岩石中斑晶蚀变较强,边缘常见铁质环边,部分斜长石颗粒边缘蚀变较强,常呈纤维状、不规则状,与基质的交界模糊。

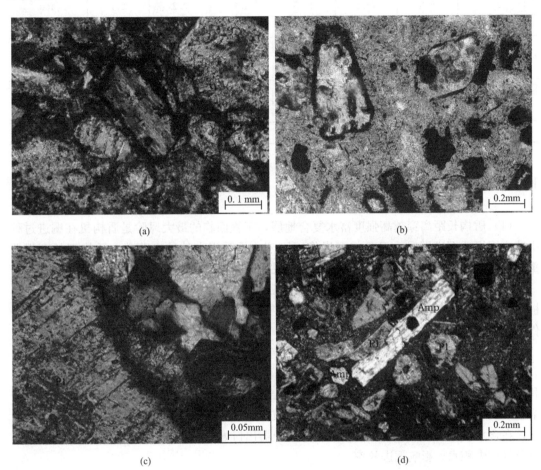

图 1-3　安山岩偏光显微镜下照片
(a)、(b) 是单偏光下薄片照片,可见斑晶蚀变铁质边缘;(c)、(d) 为正交偏光下照片,
(c) 为斜长石边缘;(d) 中见斜长石 P_1 和角闪石斑晶 Amp

基质多已彻底蚀变为高岭石、绢云母、硅质、铁质等,推测岩石原基质可能为安山质。

采用 X 射线衍射来分析矿物晶体组分量测。设备为日本理学株式会社 Smartlab 型 X 射线衍射仪,测试单位为南京工业大学材料学院实验室。主要测试条件为:Cu 靶($\lambda=1.5406$nm),管压 40kV,管流 100mA;采用的扫描范围(2θ)为 $5°\sim90°$,步长 $0.020°$,扫描速度 $2°/\min$。

我们找出衍射图各峰的衍射角(2θ)、晶面间距(d),运用分析软件(Jade5.0),与数据库中的标准衍射图对照,确定样品的物相,利用 RIR 方法计算矿物质量分数,得到安山岩的矿物成分及其质量分数见表1-5。

安山岩矿物组分及其质量分数　　　　　表1-5

岩样编号	石英	斜长石	钾长石	角闪石	沸石	黑云母	总计
1	7.9	70.2	12.5	5.1	3.1	1.2	100
2	5.8	72.5	11.5	4.9	3.2	2.1	100
3	9.2	65.5	15.2	5.8	2.4	1.9	100
4	8.8	61.9	20.8	3.4	4.3	0.8	100
5	10.2	58.7	24.9	3.1	1.5	1.6	100
6	12.1	60.2	15.8	6.1	4.1	1.7	100
7	5.5	64.4	17.1	7.0	5.5	0.5	100
8	14.5	57.9	16.9	7.3	2.0	1.4	100

1.2　工程难点

（1）盾构长距离穿越高强度富水复合地层，工程面临的最大风险是盾构机在掘进过程中速度缓慢或掘进困难，刀盘与围岩作用剧烈，承受很大的冲击荷载；盾构刀具磨损严重、更换频繁，掘进效率远低于砂土地层及黏性土地层，掘进成本大大提高。

（2）掘进工段内岩层变化多，各类掘进工作面的强度、完整性、地下水赋存情况差异极大，而掘进参数的选取仍以经验及定性推断为主，掘进参数难以较精确地匹配地层条件，掘进参数动态控制困难，掘进效率低下，工期严重滞后。

（3）盾构区间主要穿越粉质黏土、残积土、全风化凝灰质安山岩、强风化凝灰质安山岩、中等风化凝灰质安山岩等地质层，由于开挖土缺乏流动性，在盾构机推进压力的作用和较高的温度环境下，土仓内发生压密、固结排水，形成"泥饼"，造成螺旋输送机管道堵塞以及刀具工作效率降低；隧道穿越地层破碎，承压水与裂隙水分布范围及水量变化较大，在含水量大的地层中工作时，螺旋机排土器出口处出现喷涌，导致渣土在土仓中堆积以及隧道内积水，影响掘进效率。

（4）在透水性强的全-强风化岩层中，承压水对注浆体的冲刷导致注浆效果差，浆液被稀释，注浆材料结构被破坏，不能有效起到填充地层的作用，影响管片衬砌结构的稳定性；浆液流入管片拱底，加剧管片上浮，极易造成衬砌渗漏水、错台、轴线偏移等质量问题。同时，承压水通过螺旋输送机向隧道内喷涌，加剧地表沉降，严重影响正常掘进。

1.3　国内外研究现状

1.3.1　盾构选型研究进展

按开挖面与作业室之间隔板构造的不同，盾构可分为全敞开式、半敞开式及闭胸式三种，如图1-4所示。表1-6给出了盾构辅助工法的适用条件。

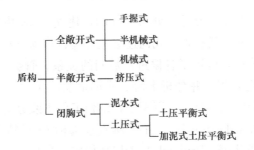

图 1-4　盾构机分类

盾构辅助工法适用条件　　　　　　　　　　　表 1-6

地层分类		标贯击数	含水率（%）	泥水式	土压式	
					土压平衡式	加泥式土压平衡式
黏性土	冲积性	0～10	>50	G	G	G
	洪积性	10～25	>20	—	△	△
软岩		>50	<20	—	△	△
砂质土		10～40	<20	G&D	G	△
砾、卵石层		10～60	<20	G&D	G	△

（注：G—注浆；D—降水；△—须根据实际情况选取辅助工法）

根据表 1-6，土压平衡式盾构通用性强。近年来，在北京、上海、南京等地的地铁隧道建设中，大部分采用了复合型的土压平衡盾构施工。

在长三角地区，盾构隧道主要穿越软黏土地层。而在珠三角地区，如广州、深圳，盾构主要穿越上软下硬的复合地层，在选定盾构时，不仅要考虑到地质情况，还要考虑到盾构的外径、隧道的长度、工程的施工程序，而且还要综合研究工程施工环境、基地面积、施工引起对环境的影响程度等。

如图 1-5 所示，若地下水压力较高（大于 0.1MPa），应优先考虑使用闭胸式盾构。若条件允许也可采用降水、降压等辅助方法。对于粒径较小的地层，可以考虑使用各种盾构机型。若粒径较大，一般应采用土压平衡式盾构。

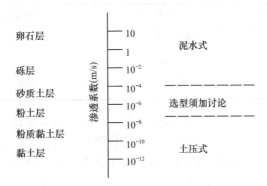

图 1-5　盾构类型与土层透水性的关系

1.3.2　盾构掘进参数预测方法研究进展

目前盾构掘进速率、刀盘扭矩的预测方法主要有理论计算法与经验预测法。理论计算法中，Ozedmir L 等[1]以单具滚刀受力分析为基础，建立 CSM 模型预测刀盘扭矩、掘进速率等参数。王洪新等[2]建立盾构掘进几何连续性方程、物理方程及平衡方程，结合对盾构施工参数记录的回归分析，验证了各掘进参数间的关系。管会生等[3]分别建立由切削、摩擦产生的刀盘扭矩理论方程，并分析上海、成都地铁施工刀盘扭矩组成的差异。李潮等[4]推导了刀盘扭矩七个组成部分的计算模型，结合工程实践分析了刀盘扭矩各影响因素的敏感性。经验预测法中，Barton N.[5]在岩体质量指标 Q 基础上引入掘进参数，形成 Q_{TBM} 模型，用于预测掘进速率。Bruland A.[6]以盾构施工参数数据库为基础，结合岩石脆性试验、磨损试验等室内试验，建立 NTNU 模型预测掘进速率等掘进参数。文献[7-9]通过对既有施工数据进行回归计算，得到掘进速率、刀盘扭矩与其他掘进参数、地质因素等影响因素间的经验关系。

上述研究成果中，力学模型中的关键参数受试验条件及岩体性质影响显著，在复合地层中的掘进参数预测应用中存在局限。经验预测法普适性较差，影响其在岩层分布多变的复合地层中的适用性。

1.3.3　盾构渣土改良技术研究进展

目前，盾构渣土改良技术研究以工程实践为基础，通过模型试验模拟分析盾构过程中渣土改良效果（土体改良材料以泡沫剂为主）[10-13]，分析不同改良剂的特性及其改良效果。

土压平衡盾构施工过程中在压力舱中充满了开挖土体，通过对开挖土体施加压力来平衡开挖面上的土水压力，开挖土体通过螺旋排土器排出盾构机，这两个作用的实现需要压力舱中的土体处于"塑性流动状态"[14]，它具有不容易固结排水、保水性较强、抗剪强度低、渗透性弱、流动性较好的特点。

泡沫在盾构施工中通过大量的小气泡组成的泡沫来完成对开挖土体的改良，可以有效改良土体的流动性、降低土体的外摩擦角，从而提高排土效率，见表1-7。

改良剂种类及性能指标　　　　表 1-7

材料	黏土、膨润土	泡沫剂+黏土	高吸水性树脂	增黏剂
作用原理	胶质减小摩擦	泡沫润滑	树脂吸水保水	提高保水性
适用性	砂～砂砾地层	黏土～粗砂地层 强～中风化岩层	黏土～砂砾地层	粗土～粗砂地层 强～风化岩层
不足	设备体积较大，耗材用量大且回收处理成本高	配合比时效性强	停机易堵塞	停机易堵塞

在盾构施工中，采用泡沫对土体改良的同时，一般需调节被改良土体的含水量。运用泡沫对渣土进行改良的同时，渣土的含水率也应控制在一定范围，并在实际施工中，应根据实际情况对泡沫掺量进行修正。然而，目前渣土改良技术研究主要是定性研究各种改良剂及工艺的地层适应性，对复合地层中泡沫掺比的动态优化控制尚缺乏量化研究成果。

1.3.4　注浆材料及工艺研究进展

同步注浆材料主要以填充地层、减少地表沉降、加强衬砌结构为目标。良好的同步注浆材料应该具有较好的填充性和可塑性，能够较好地填充管片和围岩间的空隙，且保证在地下水内不离析；同时具有较好的固化性，不会在注浆系统内硬化且能在注浆后较快形成强度。此外，注浆材料的配合比调整阈值应满足复合地层内多样的填充需求，强度、稠度等关键指标可调范围大；材料选型应因地制宜，材料及施工成本也应满足施工要求。

目前，国内外对同步注浆浆液的研究工作集中于各种浆液材料配比的室内试验[15-17]、注浆物理模型[18-19]和沉降控制数值模拟分析[20]等方面，对于浆液性质的准确预测仍缺少适应现场需求的定量结论。

1.3.5 盾构施工参数优化研究进展

目前，盾构施工参数的优化途径主要有经验-定性优化和定量优化两类。经验-定性优化中，刘建国[21]通过定性分析盾构隧道穿越软硬不均、硬岩、孤石、断裂破碎带和水底浅覆土等复杂地层时参数控制、磨损控制问题的形成机理，提出了采用一系列辅助工法优化掘进参数。英旭[22]结合南京地铁机场线复合地层盾构隧道施工，针对盾构穿越复杂地层、机场滑行道、停机坪等复杂环境，提出了刀具磨损与更换、土体改良、注浆工艺、施工参数优化设置等方面的研究成果与实践经验。定量优化分析中，曹曦等[23]建立了依据密封舱压力传感器数据、基于最小二乘支持向量机（LS-SVM）的土压预测模型，并且基于此预测模型，以密封舱内4点土压预测值与设定值偏差最小为优化指标，采用粒子群算法（PSO）对控制参数进行在线优化，实时控制密封舱土压平衡。丁保军等[24]基于动态贝叶斯网络（DBN）理论提出一种盾构隧道施工参数优化方法，能够确定各施工参数的最优设定区间。李守巨等[25]提出了基于优化算法的ARMA模型参数估计方法，分析了该系统动态响应的时滞特性，优化了转速对下一时刻土仓压力的影响特性。

盾构机在复合地层中与围岩的相互作用剧烈且多变，如果对盾构施工参数的控制不准确或发生迟滞，必将降低施工效率，甚至损坏盾构机，后果十分严重。然而，从经验出发的定性优化难以快速为项目部给出施工参考值，借鉴机器学习方法的优化计算方法在收敛时间、全局最优解精度、控制方程精度等方面存在不足，难以及时给出地层适应性较好的最优掘进参数。

1.4 研究内容

1.4.1 总体思路

本书的研究路径分为两条主线，一条是现场实测，一条是室内试验。研究方法为室内试验与现场试验相结合、理论分析与统计计算相结合。盾构穿越复合地层，在盾构前进方向上地层在变化，在掌子面上地层也在不断变化。所以，通过地质分段、逐环统计、分层计算等手段和方法，对现场实测数据（详见附录A）进行处理，得到关于掘进参数、渣土改良的一系列研究成果。通过室内试验，优化注浆工艺。最后，从上面得到的结论中提炼出特征值，得到最优施工参数。

1.4.2 技术方案

针对土压平衡式盾构机穿越长距离、高强度复合地层时的掘进参数优化控制、注浆材料配比等难题，采用室内试验与现场试验相结合、理论分析与统计计算相结合的手段进行了系统研究，取得了一系列创新性成果。提出了"等效岩体基本质量指标"（BQ_E）的概念，建立了土压盾构关键参数与等效岩体基本质量指标的相关关系；建立了复合地层土压平衡盾构掘进速率与刀盘扭矩的预测模型，并提出施工中掘进参数动态调控的简易方法（附录 B）；将掘进效率特征值（v/T）定义为最优控制问题目标样本值，运用最优控制算法得到基于地层分段的最优施工参数，有效提高了盾构掘进效率。开展同步注浆浆液流动性指标适用性对比试验研究，得到了盾构壁后注浆材料最优配比，其注浆效果获得较大提高。结合盾构机选型、渣土改良工艺优化、贯通限差控制技术（附录 C）、泥渣分离技术（附录 D）、沉降控制技术（附录 E）的研究成果，摸索总结一套适应长距离高强度富水复合地层的盾构综合施工技术。

研究内容如图 1-6 所示。

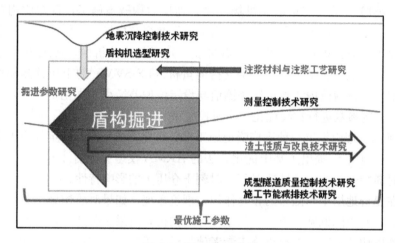

图 1-6　研究内容示意

（1）盾构机选型研究

针对长距离、高强度复合地层盾构区间，通过调研及综合各种因素对盾构机的选型进行分析和研究，提出适合该类地层特点和复杂环境下的盾构机配套设施。

（2）盾构穿越复合地层掘进参数定量预测方法研究

以等效岩体基本质量指标为基础，对复杂地层进行地质分段，分段统计掘进参数。通过逐步回归计算掘进速率、刀盘扭矩与其他掘进参数间的经验关系，得到适用于均质地层、复合地层的掘进速率、刀盘扭矩回归模型，讨论回归模型在盾构掘进施工中的具体应用。通过定量分析回归模型系数在等效岩体基本质量指标升高时的分段变化规律，定量研究掘进速率、刀盘扭矩回归模型的地层适用性。研究路径如图 1-7 所示。

（3）复合地层渣土改良量化施工方法研究

① 在盾构现场掘进试验中针对不同掘进参数采取渣土试样，定量分析掘进参数、地层条件对渣土物理性质的影响。

② 定量研究不同配比的泡沫剂改良砂质、岩质渣土后塑流状混合物的含水率、坍落度等指标，结合掘进参数与地层条件，提出基于地层及掘进参数的渣土改良施工参数的量化方法。研究路径如图 1-8 所示。

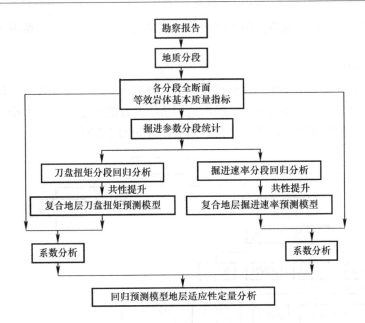

图 1-7 盾构穿越复合地层掘进参数定量预测研究路径

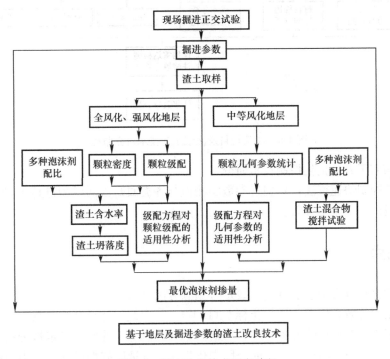

图 1-8 渣土改良技术研究路径

(4) 注浆材料及注浆工艺技术研究

① 注浆材料研究

在同步注浆方面,开展不同材料掺比下的单液快硬型浆液的物理、力学及化学性质均匀试验研究,得到浆液的表观理化性质(密度、稠度)和物理、力学性质(浆体不同龄期强度、保水性、凝结时间等)与材料掺比的关系,通过回归分析实现基于浆体目标性质的材料配合比精确选取,通过成本分析得出最优注浆浆液配比。在二次注浆方面,分析适应工程实际的注浆浆液材料选取。

② 注浆工艺技术

根据盾构穿越地层土体强度、完整性及地下水赋存条件,分析注浆量、注浆压力、注浆速度、注浆时间与注浆效果的关系,提出地层适应性好的同步注浆技术措施。通过探地雷达测量数据,对注浆效果进行定性分析。研究路径如图 1-9 所示。

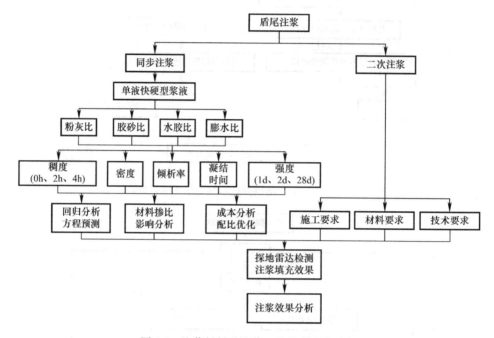

图 1-9　注浆材料及注浆工艺技术研究路径

(5) 盾构施工参数优化控制技术研究

通过最优控制快速算法,对掘进参数实测值与各类回归预测模型进行定量分析,得到基于地层分段的最优施工参数。

1.5　创新点

(1) 盾构穿越复合地层的掘进参数定量预测方法

首次提出"等效岩体基本质量指标"(BQ_E),并据此对隧道穿越复杂地层进行地质分段,得到适用于复杂地层的掘进速率及刀盘扭矩回归模型。首次通过定量分析预测模型系数在等效岩体基本质量指标升高时的分段变化规律,定量研究掘进速率、刀盘扭矩回归模型的地层适用性,有效地解决了复杂地层掘进参数定量预测的难题。

(2) 同步注浆材料配比的定量预测及优化方法

首次根据浆液的表观理化性质(密度、稠度)和物理、力学性质(浆体不同龄期强度、保水性、凝结时间等)与材料掺比的关系,通过回归分析实现基于浆体目标性质的材料配合比精确选取,通过成本分析得出最优注浆浆液配比,有效地解决了同步注浆材料对复杂多变的围岩的适应性难题。

(3) 复合地层渣土改良的量化施工方法

首次利用多种级配方程对比分析了不同掘进参数下渣土颗粒的几何特征，结合渣土改良室内试验成果，提出基于地层及掘进参数的渣土改良施工参数的量化方法。

(4) 盾构施工参数的优化控制技术

通过提出掘进效率特征值（v/T）并将其定义为最优控制问题目标样本值，首次运用最优控制算法得到了最优掘进参数与掌子面全断面等效岩体基本质量指标间的对应关系，有效地解决了复杂地层盾构掘进参数动态优化及控制的难题。

(5) 建立了清晰的盾构施工控制技术脉络，解决了复合地层滚刀磨损量及寿命定量预测、掘进参数定量预测、掘进参数优化控制、同步注浆材料的地层适应性等关键技术难题。

1.6 研究意义

作为研究与实践，本课题以南京市宁高城际轨道交通二期禄口新城南站～铜山站盾构区间工程为依托，研究在复杂地质条件下土压平衡式盾构掘进施工难点及对策，形成具有我国自主知识产权和特色的盾构长距离穿越高强度富水复合地层综合施工技术，实现降低成本、高效掘进的目标，实现该技术领域的突破和创新，为今后类似条件下地铁盾构的顺利开展提供重要理论参考和实践指导，实现节能减排目标，为盾构掘进的可持续发展提供新的技术支撑。

(1) 从地层条件出发，通过对比工程先例，开展盾构机各主要组成部分选型设计参数计算与工作状态分析，总结盾构选型经验，为相似工程提供经验数据及选型依据。

(2) 通过对掘进速率及刀盘扭矩的定量预测，实现了基于地层参数、掘进参数耦合分析的复合地层盾构掘进工期及刀盘驱动电机负载状态的动态预测，在保证设备完好的条件下最大限度地挖掘设备潜能，有效提高了掘进速率。研究成果丰富了盾构掘进参数预测方法，对于施工方案设计、施工成本—工期控制以及分析盾构—围岩相互作用规律具有工程应用及理论价值。

(3) 得到渣土改良最佳泡沫体积掺量，有效降低了螺旋输送机出土口地下水喷涌对施工进度及上覆地层变形的影响。

(4) 通过对壁后注浆浆液各物理、力学性能指标进行均匀试验，实现基于配合比的浆液性能定量预测，提高了复合地层中浆液对复杂多变的围岩的适应性，优化了注浆工艺，提高了注浆填充效果，提高了隧道成型质量。

(5) 提出长距离盾构隧道贯通限差控制工法，提前做出相应导向姿态控制，避免后期变化造成成型环管片侵线。

(6) 综合运用二次注浆等多种沉降控制措施，有效降低了掘进对周边环境的影响。

(7) 贯彻实施了绿色工程管理理念，泥渣分离技术解决了环保、文明施工问题，节能增效。

(8) 得到盾构掘进高强度复合地层最优施工参数，提高了盾构掘进效率，有效降低了施工成本，为今后类似项目施工作业提供了定量参考样本。

第 2 章 盾构机选型研究

2.1 工程重点难点分析

(1) 盾构区间主要风险点

1) 盾构区间沿线地表分布多处水塘（沟），地表水及地下水水力联系强，隧道埋深浅。

2) 下穿徒盖西路，道路两侧埋设有天然气管道、供水管道、通信光缆、电线管道。

3) 机场一期既有线和机场跑道尽头距离隧道区间 70～108m。

(2) 工程特点

1) 隧道区间存在有软土地层，软硬不均地层和硬岩地层三种地层。

2) 盾构区间较长，单线单区间 2390m。

(3) 工程主要难点

1) 区间全断面中等风化岩层约占 44%，地层硬，掘进难度大。

2) 工期紧张，完成 2390m 复杂地层盾构掘进的原定工期只有 12 个月，平均日进需超过 5 环（6.7m）。

2.2 选型依据

(1) 本工程区间隧道施工对盾构机的技术要求

1) 良好的土层切削能力（刀盘及主驱动系统，推进系统）。

2) 准确、稳定的土压平衡控制能力（土压控制系统）。

3) 良好的地层填充能力（注浆系统及后方台车二次注浆台）。

4) 良好的止浆能力（盾尾密封系统）。

5) 良好的土壤改良能力（泡沫系统）。

6) 精准的盾构掘进导向能力（导向系统）。

7) 可靠的安全装置保护换刀操作人员安全（人闸系统）。

(2) 针对性设计

考虑本工程地层硬、掘进难、工期紧的情况，对盾构机提出针对性技术要求：

1) 优化刀盘设计，采用合理的开口率及耐磨保护，提高在硬岩地层的适应能力。

2) 增加刀具数量配置，加强刀箱和刀具的耐磨保护。

3) 土壤改良系统配置有 6 个泡沫管路，采用的是单管单泵设计。

4) 螺旋机与一般配置相比，在外护筒内表面及螺杆部位都进行通体的耐磨保护措施。

综合考虑区间风险源的控制和重难点施工的需要，依托工程拟选用 2 台全新德国海瑞克复合式土压平衡盾构机用于本标段盾构施工。

2.3 盾构机组成及主要参数

土压平衡式盾构机施工体系主要由刀盘系统、推进系统、出土系统、管片拼装系统、同步注浆系统、泡沫注入系统、数据采集系统、测量系统及后配套台车等系统组成。盾构机参数见表2-1。

盾构机技术参数表 表2-1

项目	内容	技术参数	项目	内容	技术参数
工程条件	适应地层	中风化安山岩、强风化安山岩	铰接液压缸	数量	14
	最小曲率半径	250m		推力	715kN/单个
	最大纵坡	±40‰	盾尾密封	钢丝刷密封	3道（宽刷型）
	最大覆土厚度	30m	螺旋输送机	最大输送量	385m³/h
管片尺寸	外径×内径×环宽	6.2m×5.5m×1.2m		螺旋机外径	$D=800mm$
盾构尺寸	切口环直径	ϕ6450mm		转速	0～22.1r/min
	盾尾直径	ϕ6430mm		功率	200kW
	本体长度	8610mm		输送距离	65m
刀盘	刀盘直径	ϕ6480mm	皮带输送机	宽度	800mm
	最大扭矩	7476kN·m		功率	30kW
	额定扭矩	6219kN·m		最大输送量	450m³/h
	转速（正反转）	0～3.5rpm	管片拼装机	轴向行程	2000mm
	开口率	36%		回转速度	0～1.0rpm
	功率	945kW		回转角度	+/－200
推进液压缸	最大推进速度	80mm/min	导向系统	全站仪和棱镜之间的角度精确性	2s
	最大总推力	42575kN		激光靶角度测量精度	±1mm/m
	数量	16对	变压器	容量	2000kVA
	行程	2200mm	盾构总长	包括车架	79m
同步注浆系统	注浆机型号	SKP-12	泡沫系统	泡沫管路数量	6
	储浆罐容量	7m³		泡沫喷口数量	17
	最大流量	20m³/h		水泵流量	18m³/h
	最大压力	30bar		泡沫泵流量	300L/h

2.4 盾构机刀盘及刀具选型研究

针对难点：复合地层和全断面岩层施工，对刀盘和刀具进行了优化设计。

盾构机在岩石中掘进，主要是依靠盘形滚刀对岩石施加正应力在掌子面内形成塑性变形-断裂。在刀盘旋转和千斤顶推进的共同作用下，各盘形滚刀在掌子面上形成同心圆沟槽，相邻两条沟槽之间的岩石因正应力形成的压裂裂纹贯通而形成碎块，破岩机理如图2-1所示。

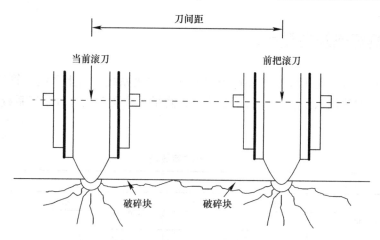

图 2-1 相邻滚刀破岩机理示意

(1) 刀圈尺寸选取

刀盘上的滚刀对岩层进行滚压，刀刃下的岩体在刀刃压强作用下沿弱面剪切裂缝崩落从而完成掘进。在目前的技术水平条件下，由于刀体直径限制，17寸滚刀轴承最大承载力一般为25～26t，19寸滚刀一般为31～32t。由于19寸滚刀尺寸大，滚刀重量（约190kg）较17寸滚刀的重量（约120kg）大得多，故19寸刀拆装难度大。此外，如17寸滚刀启动扭矩为50N·m，只要克服250N的摩擦力就能使滚刀转动，而19寸刀圈则需要提供较大的周边摩擦力才可以滚动，即17寸滚刀启动更为方便。

(2) 刀间距选取

刀间距过大，会在两滚刀之间出现破岩的盲区而形成"岩脊"。而刀间距过小，会将岩体碾成小碎块，降低破岩工效。所以刀间距过大或过小（一般以75～93mm为限）都不利于破岩。

最靠近刀盘边缘的正滚刀和边滚刀由于弧线轨迹长，相同里程内的磨损深度大。宁高项目盾构穿越地层主要是复合地层，所以将靠近刀盘中心的滚刀刀间距设置为一个较大的值（刀间距90mm），而距离刀盘中心较远的正面滚刀在掘进相同里程的前提下切割长度较大，所以应适当减小刀间距（刀间距80mm），从而平衡不同安装位置的滚刀的磨损状态，使刀盘受力均匀。正面滚刀及中心滚刀刀间距见表2-2。

滚刀刀间距　　　　　　　　表 2-2

序号	滚刀编号	刀间距（mm）
1	1～20	90
2	20～32	80

(3) 刀具排布方式选取

刀具在刀盘上的排列，总体上遵循阿基米德螺线的几何规律。在同一条刀具安装直径上，刀间距的种类数量就是该条直径上刀具排布阿基米德螺线方程的数量。单条阿基米德螺线方程如式（2-1）所示。当刀盘上有多条刀具安装直径时，螺线的设计可以分为两类，见表2-3。

$$\rho = \rho_0 + \alpha\theta \qquad (2-1)$$

式中，ρ——极径；

ρ_0——极径初始值;

α——常系数;

θ——极角。

两种螺线的对比　　　　　　　　　　　　　表2-3

分类 性质	同向螺线	反向螺线
排布示意图		
相邻直径上刀具螺线半径增大方向	一致	相反
刀盘正转、反转时的破岩次序	相同	不同
刀盘旋转方向对刀盘旋转每周的破岩体积的影响	无	有

盾构掘进上软下硬复合地层,刀具排布方式应具有较好的地层适应性,根据工程经验类比,选择"4辐条+4面板"的设计形式,相应的4条螺线按照螺线上刀具的所在直径分为2组同向螺线、每条直径上2种刀间距、每种刀间距对应一条螺线的方式确定。如图2-2所示,4条逆时针阿基米德螺线,使用数字标记间隔排列的方式安放刀盘滚刀,可以较好地满足"各刀具顺次破岩、刀盘受力平衡和各刀具破岩体积相近"这三项基本原则。四组螺线方程见式(2-2)。

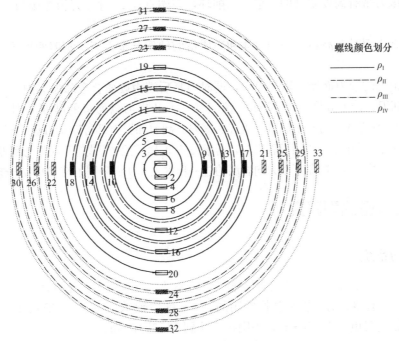

图2-2　中心滚刀及正面滚刀安装位置及编号

$$\begin{cases} \rho_{\mathrm{I}} = 70 + \dfrac{90}{\pi}\left(\theta - \dfrac{\pi}{2}\right) \\ \rho_{\mathrm{II}} = 790 + \dfrac{90}{\pi}\theta \\ \rho_{\mathrm{III}} = 2020 + \dfrac{80}{\pi}\left(\theta - \dfrac{\pi}{2}\right) \\ \rho_{\mathrm{IV}} = 1860 + \dfrac{80}{\pi}\theta \end{cases} \quad (2\text{-}2)$$

刀盘开口率为 36%，不仅有助于隧道开挖面的刚性支护，也能保证渣土的流畅排除。刀具配置见表 2-4 及图 2-3、图 2-4。

刀具类型汇总表　（单位：把）　　　　　　　表 2-4

刀具	中心滚刀	单刃滚刀	刮刀	边缘弧形刮刀	边缘保径刀	面板贝壳刀
数量	8	37	56	8	4	8

图 2-3　刀具布置图

图 2-4　高硬度滚刀

滚刀：滚刀带有高度耐磨的合金齿切削环，刀圈直径 17 寸。刀箱焊接 Hardox 耐磨保护块。

刮刀：软土刀具有高耐磨的钢刀体和高质量的硬质合金刀刃。刮刀两侧采用耐磨焊丝保护。

铲刀：铲刀的前刀面硬质堆焊刀刃，同时刀具后端由硬质合金球齿保护。

滚刀与刮刀、铲刀高度差为 35mm。滚刀和刮刀凸出刀盘面板的高度分别为 175mm 和 140mm。刀具高度差大，有利于破岩。所有的滚刀、刮刀和铲刀都可以从刀盘后部更换。如果滚刀与刮刀的高度差很小，当滚刀破岩时，若滚刀的贯入深度大于或等于滚刀与刮刀的高度差，刮刀就"顶住"了岩面，限制了滚刀向岩层的进一步贯入，从而限制了滚刀的破岩能力。

2.5　机电设备选型研究

2.5.1　驱动系统

针对难点：复合地层和全断面岩层施工，对驱动系统进行了优化设计。

（1）采用直径 3m 的主轴承替换常用的 2.6m 的主轴承。功率 945kW、9 个液压电机驱动，刀盘额定扭矩 6219kN·m，脱困扭矩达到 7476kN·m。

（2）理论需要的刀盘扭矩为 3470kN·m，满足本工程需要。转速：0～3.5rpm，使用寿命：10000h 以上。

2.5.2 推进系统

推进系统的可用总推进力须大于所需总推进力，盾构才能正常掘进。本项目所用盾构的可用总推进力及所需总推进力的计算见表2-5。盾构机可运用的总推力须大于38688kN，盾构机驱动系统额定扭矩须大于3470kN·m。

拟选盾构的推进系统有千斤顶16组共32台，单组油缸最大推力2660kN，行程均为2200mm，能够满足在任何位置的拼装需求，所以，总推力42575kN，理论需要推力38689kN，能满足本工程需要。推进千斤顶压力控制分上、下、左、右可分别进行独立控制的分区，能够满足隧道掘进纠偏要求，配备4套千斤顶内置式行程及速度传感器，行程显示可逆并能准确、直观地显示隧道掘进机千斤顶伸缩值和速度。推进速度0~80mm/min可调。

盾构推力计算表　　表2-5

序号	计算项目	计算详情
1	基本参数	盾构机直径 $\Phi_{FS}=6450$mm 盾体总长度 $L_s=8610$mm 盾体总重量 $m_s=3730$kN 后配套重量 $m_{BU}=1320$kN
2	总盾体 摩擦量	盾壳摩擦系数 $\mu=0.35$ 隧道冠垂直土质载荷量 $\sigma_{v\text{-}c}=200$ kN/m² 隧道盾构下方土质载荷量 $\sigma_{v\text{-}l}=200$ kN/m² 水平轴线土质载荷量 $\sigma_h=130$ kN/m² 总盾体摩擦量 $F_1=0.25\mu\sigma_{v\text{-}c}\pi\Phi_{FS}L_s+0.25\mu\sigma_{v\text{-}l}\pi\Phi_{FS}L_s+0.66\mu\sigma_h\pi\Phi_{FS}L_s$ $F_1=11362$kN
3	总刀盘力度	单刃滚刀数量 $n=44$ 滚刀直径 $R_s=17''$ 接触力度 $F_{sc}=267$kN 总刀盘力度 $F_2=nF_{sc}$ $F_2=11748$kN
4	斜坡 地心引力	斜坡+上坡－下坡 $i=0.05$ 斜坡地心引力 $F_3=252$kN
5	配套设备摩擦力及滚动阻力	附加摩擦力 $F_4=290$kN
6	盾尾 密封拖力	管片外径 $\Phi_{c\text{-}o}=6200$mm 直线力 $F_l=10$kN/m 盾尾密封拖力 $F_5=\pi\Phi_{c\text{-}o}F_l$ $F_5=195$kN
7	地压力	可运用支撑压力 $\sigma_N=450$ kN/m² 地压力 $F_6=0.2\sigma_N\pi\Phi_{FS}L_s$ $F_6=14841$kN
8	盾构所需 总推进力	所需总推进力 $\sum F_i=38688$kN
9	盾构可运用总推进力	油缸数量 $N_c=32$ 单台油缸推力 $F_{p\text{-}c}=1330.5$kN 可运用总推进力 $F_{total}=N_cF_{p\text{-}c}$ $F_{total}=42575$kN
10	对比	$F_{total}>\sum F_i$

2.5.3 螺旋输送机

在本标段施工中,以较快的 8cm/min 速度掘进,单位出土量为 237m³/h。盾构机配置的可伸缩轴式螺旋机,理论出土能力为 388m³/h,能够满足施工需求。参数详细计算内容见表 2-6。

螺旋输送机可方便地对外护筒、螺旋叶片进行维修。螺旋输送机螺旋叶片和外护筒的内表面通常焊有合金耐磨块;设有断电紧急关闭装置,密封可靠。在断电情况下排土门可全程开闭 1.5(闭→开→闭)次;配置单闸门系统,若出现喷涌险情时,可及时快速关闭闸门。

螺旋输送机参数计算表 表 2-6

序号	计算项目	计算详情
1	基本参数	盾构机最大推进速度 $v_{max}=80$mm/min 开挖面积 $S_e=33$m² 体积系数 $\zeta=1.5$ 螺旋杆填补率 $\lambda=100\%$ 最大转速 $\omega_{max}=22.1$rpm
2	螺旋杆容量	螺旋输送机直径 $\Phi_{screw}=800$mm 轴段 $p=630$mm 轴直径 $\Phi_c=220$mm 螺旋杆容量 $Q=[\pi(\Phi_{screw}^2-\Phi_c^2)/4]p\omega_{max}60$ $Q=388$m³/h
3	出渣 所需流量	所需流量 $Q_e=V_{max}S_e\zeta 60/1000$ $Q_e=237$m³/h
4	对比	$Q>Q_e$

2.5.4 渣土改良系统

针对难点:复合地层和硬岩地层施工,对泡沫系统进行了优化设计。

盾构机一般只配置 4 个泡沫发生器,如图 2-5 所示,所选盾构配置了 6 个泡沫发生器,且实现了单管单泵设计,提高了渣土改良效果,降低了泡沫管路的堵塞问题。在刀盘、土仓仓壁及螺旋输送机等部位均设有添加剂注入管路和注入口,可以向相应部位注入土体改良材料,改良土层性质。

2.5.5 耐磨措施

针对难点:针对磨损严重的问题,加强了刀盘、螺旋机和刀具的耐磨保护。刀盘后部和刮刀的两侧采用耐磨焊丝进行耐磨保护,泡沫喷嘴和刀箱焊接 Hardox 耐磨保护块,以减少使用中的磨损。

(1) 刀盘面板耐磨保护,如图 2-6 及图 2-7 所示。
(2) 螺旋轴:全螺旋轴上耐磨堆焊。
(3) 螺旋叶片:在前 3 个螺旋叶片上焊接 Vaudit 耐磨块,其余焊接 Hardox 耐磨块。
(4) 螺旋机筒内部的耐磨保护:通长焊接 Hardox 耐磨条。

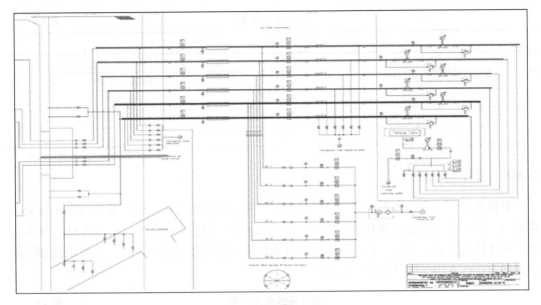

图 2-5 泡沫系统图

图 2-6 刀盘面板耐磨保护

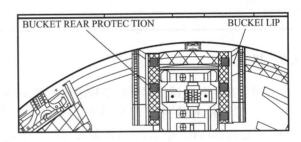

图 2-7 铲刀的后侧焊接 Hardox 保护块

2.5.6 双室人闸系统

如图 2-8 所示,双室人闸仓整体部件为德国原装进口,人闸仓的安装符合 DIN 标准(关于有气压条件下工作的标准),无论是在常压还是带压条件下,都可以保证操作人员安全顺利地进行刀具检查和刀具更换作业。

双室人闸仓有以下装置:通过人闸的压力闸门、阻尼器、压力计、计时仪、温度计、绝缘椅子、照明,包括紧急照明、压力记录仪、供热设备。

图 2-8 人闸

2.5.7 皮带输送机

皮带机应能满足 190m^3/h 的运送能力。其理论输送能力为 450m^3/h,能够满足本工程需要。皮带输送机上设置有钢丝绳牵拉式紧急停止装置,可以起到保护维修、测量人员安全的作用。见表 2-7。

皮带机参数表　　　　　　　　　　　　　　　　表 2-7

表述	数据
配备数量	1台
皮带宽度	800mm
输送能力	450m³/h
皮带速度	2.5m/s
电机功率	30kW

2.5.8 管片运输设备

盾构机管片运输设备采用的是双梁吊机和喂片机结合的方式。管片通过电瓶车运至盾构机后，先由双梁吊机将管片吊至喂片机上，然后喂片机将管片运送至拼装机抓取头位置，等待拼装作业。管片运输机采用双梁行走机构，两侧各有电机驱动并设有限位和防撞装置以防止行走小车脱落轨道。见表 2-8。

管片输送设备配置　　　　　　　　　　　　　　表 2-8

项目	类型	规格	数量
管片运输设备	双梁吊机	3t×2台	1套

2.5.9 拼装机

管片拼装机的各种操作都可以单独进行。管片拼装过程中，通过线控或遥控两种控制方式对管片拼装机和推进千斤顶进行控制。管片拼装机设置快、慢挡，能满足外径6200mm、宽1200mm、厚350mm的管片拼装。见表 2-9。

拼装机参数表　　　　　　　　　　　　　　　　表 2-9

表述	数据
平移行程	2000mm
提升行程	500mm
提升能力	21.6t
旋转	双方向
旋转速度	0～1.05rpm
旋转角度	±200°

2.5.10 土压控制系统

盾构区间覆土较浅，对地面沉降控制要求较高。拟选盾构机的土压平衡的控制有以下三种控制方式，可以根据开挖面的情况选择合适的控制方式：

（1）土压控制

在土仓壁板设有5个土压计，可以保证测得的正面土压力测量精度达到0.005MPa。同时该土压计具有足够的自身保护能力。一旦出现故障时，能够安全地直接从仓壁后部进行土压计的维修和更换。通过土压计测得的土压与设定的土压比较，可以调节控制螺旋输送机的转速。

(2) 排土量（体积）控制

螺旋输送机的转速自动与盾构机的掘进速度相匹配，进行排土量的控制。

(3) 手动控制

可以根据需要手动设定螺旋输送机的转速。

2.5.11 注浆系统

同步注浆系统在盾构机外壳的上、下半部各设有两处注入口，同时可实现分路注浆。为防止注浆管路堵塞，同步注浆系统设置了注浆管路清洗装置。在盾构机最后一节台车上，外加安装有一台气动二次注浆机，连接盾构机空压机可快速进行壁后二次注浆作业。

注浆系统配置见表 2-10。

注浆系统参数表　　　　表 2-10

项目	规格
形式	单液用同步注浆装置
注入压力	3MPa
清洗回路	装备
装备回路	常用 4 个＋备用 4 个
单液注浆泵	SCHWING 泵×2 台

2.5.12 盾尾密封系统

如图 2-9 所示，为了保证盾尾壳体与管片之间有良好的密封性能，在盾尾上装备有三道钢丝刷（宽刷型）式盾尾密封，前 2 道盾尾刷长度 300mm，最外道长度 320mm。为了提高盾尾密封的止水性和寿命，盾尾刷间的仓室共配备 8 个盾尾密封油脂的注入管路。宽刷型盾尾刷和更多盾尾油脂注入点位的设计，能够极大提高盾尾密封系统的密封效果。

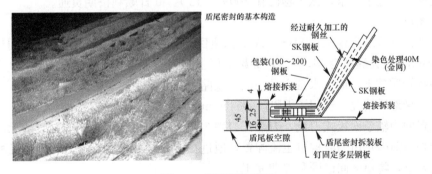

图 2-9　盾尾刷构造图

2.6　盾构机适应性分析

(1) 所选盾构机除具有软土开挖功能外，还具有中等硬度岩石的破碎功能。

(2) 盾构机刀盘装有硬质合金刀具，并且采用了 17 寸刀圈的滚刀，在该地层条件下可实现高效地掘进，同时延长刀具使用时间，减少刀具的更换次数。

(3) 盾构机刀盘设计有合理的开口率，既满足大粒径卵石排出，又有效地防止掘进时刀盘产生泥饼，保证了开挖面的稳定。

(4) 装备有可靠的人闸系统，保证在气压状态下安全地进行刀具更换等各种施工作业，提高了换刀效率。

(5) 螺旋机耐磨性较强，有利于渣土的排出，又防止在出渣过程中出现喷涌现象，螺杆伸缩可以解决柱塞问题。

(6) 在主轴承密封的选择上，海瑞克盾构机采用自诊断管理系统，能够进行润滑脂压力及主轴承温度的自动检测，使用寿命相对较长。

(7) 为保证开挖下来的渣土的流动性、可排性，有效地稳定开挖面，在刀盘、密封隔板及螺旋输送机均设有合理的泡沫、膨润土泥浆注入管路。

(8) 为有效的控制地层变形，该种盾构机配备了自动定压同步注浆系统。

2.7 类似工程盾构机选型成功案例

(1) 案例一

广州至佛山段[金融高新区至龙溪站区间]隧道工程，左、右线盾构隧道长度分别为1156.037m 和 1155.393m。区间线路以直线沿海八路下行，两侧地面建筑物较少，线路轨面埋深约为 14~26m，左右线间距 18~11m。区间隧道岩层变化大，软硬不均，隧道主要在强风化带、中风化带、微风化带等地层中穿过，最高强度可达 120MPa，地下水相对较为丰富。该地质情况与宁高项目较为相近。

针对广佛项目情况，选用了海瑞克 S475、S476 土压平衡式盾构机，这两台盾构机采用的是 35 把滚刀配置的辐条面板式刀盘，其他部件配置采用的都是当时海瑞克主流配置，通过盾构掘进情况来看，总长为 1156m，累计掘进 95d，日掘进平均可达 12 环，盾构设备完全满足该项目施工要求，该工程已在 2009 年 12 月 30 日顺利按期贯通。

(2) 案例二

南京地铁三号线土建工程 D3-TA12 标项目施工，全长约 1973m，线路平面最小曲线半径为 386m，最大纵坡为 27.04‰，穿越土层主要为④-1b1-2 硬塑状粉质黏土，②-3b3-4 软~流塑状粉质黏土，地下水富含量一般。线路下穿和侧穿众多构筑物。

针对这种地质情况，选用了 EPB-Φ6450mm 土压平衡式盾构机一台，编号 S679。该盾构机配置的为辐条面板式刀盘，刀盘开口率 38%，刀具以齿刀为主并配置边缘滚刀，其他部件均是当前南京市场盾构机主流配置，通过在该种地层的掘进施工，盾构机配置完全满足使用要求，隧道区间已顺利按期完工。

2.8 本章小结

(1) 刀盘及刀具布置方式满足破岩效率与耐久性要求，适用于高强度复合地层掘进。

(2) 机电设备动力充沛、配套完整，满足机械化施工与连续掘进要求。

(3) 选用德国海瑞克生产的两台开挖直径 6480mm 土压平衡盾构机能够满足区间隧道工程施工的各项技术要求，推荐使用。

第3章 盾构穿越复合地层掘进参数定量预测方法研究

目前盾构掘进速率、刀盘扭矩的预测方法主要有理论计算法与经验预测法。理论计算模型中关键参数需由特定试验获取，在复杂地层的工程应用中存在局限。经验预测法针对均质地层或某种复合地层，缺少回归模型在复杂地层中的适应性分析。

(1) 当前研究的不足

1) 理论计算模型中关键参数的选取决定了预测结果的精度，需由特定试验获取，在复杂地层的工程应用中存在局限。

2) 经验预测法针对均质地层或某种复合地层，缺少预测模型在复杂地层中的适应性分析。

(2) 针对措施

1) 提出了"等效岩体基本质量指标"这一概念，对复杂地层进行地质分段，并分段统计掘进参数。通过逐步回归计算掘进速率、刀盘扭矩与其他掘进参数间的经验关系，得到既适用于均质地层、又适用于复合地层的掘进速率和刀盘扭矩通用预测模型。

2) 通过定量分析掘进速率和刀盘扭矩通用预测模型系数随等效岩体基本质量指标变化的分段变化规律，对左、右线进行了边试验、边分析预测、不断滚动改进的研究工作，预测模型的精度随着积累数据的增多不断提高。

(3) 掘进参数预测值与实测值对比详见附录A。

3.1 工程概况

3.1.1 地质条件

南京市宁高城际轨道交通二期工程盾构隧道区间段全长2390m，其中44%区间穿越中等风化安山岩地层，其余部分主要穿越由黏性土、砂土、强风化安山岩和中等风化安山岩构成的复合地层。盾构段各地层性质如下：

(1) 混合土，灰黄色，软-可塑，主要成分为细中砂、粗砂、混砂砾土，砂为中密-密实，局部为粉质黏土。

(2) 残积土，棕红色，可塑-硬塑，以黏性土为主，夹风化岩屑。

(3) 强风化安山岩(J31-2)，砂土状，夹少量中风化岩块，岩体基本质量等级为Ⅴ级。

(4) 中等风化安山岩(J31-3r)，饱和单轴抗压强度平均值为19.38MPa，岩体完整性指数为0.50。

(5) 中等风化安山岩(J31-3p)，饱和单轴抗压强度平均值为45.95MPa，岩体完整性指数为0.32。

(6) 中等风化安山岩(J31-3)，饱和单轴抗压强度平均值为63.35MPa，岩体完整性指数为 0.59。

项目采用的海瑞克复合式土压平衡盾构机，刀盘直径 6480mm，最大推力 42575kN，最大推进速率 80mm/min，脱困扭矩 7476kN·m。

3.1.2 地质分段

盾构区间沿线地质条件复杂多变，掘进地层多为复合地层，由多种岩层、土层组成，而全断面各层组成比例在一定掘进方向范围内变化较小，具备地质分段条件。地质剖面中地层分界线与隧道轴线间夹角越小，隧道掌子面内各地层比例在掘进方向上变化越小，掘进范围内地层条件变化越小，掌子面内某地层断面面积变化越小。根据地勘报告，如图 3-1 所示，将隧道穿越地层组成相同且地质纵断面中地层分界线与隧道轴线近似平行的部分归为同一地质分段，地质分段统计见表 3-1。定义同一地质分段等效岩体基本质量指标 BQ_E，如式（3-1）。

$$BQ_E = \sum_{m=1}^{5} BQ_m S_m / S_0 \tag{3-1}$$

式中 S_0 为掌子面全断面面积，BQ_m、S_m 分别为掌子面内某地层的岩体基本质量指标、断面面积。不同地质分段掌子面内各地层断面面积相异使掌子面 BQ_E 不同，导致不同地质分段掌子面与刀盘间相互作用、掘进参数间相互关系存在差异。其中，各地层 BQ_m 根据《工程岩体分级标准》GB/T 50218—2014 计算，区间主要地质分段 BQ_E 计算结果见表 3-2。

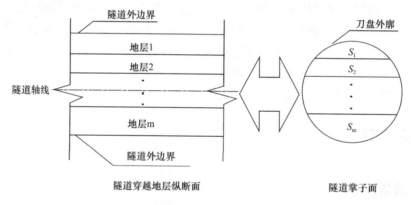

图 3-1 隧道掌子面内各地层划分方法

为了减少人工统计工作量，我们编制了能够通过地质纵断面图得到地层分段及掌子面内各地层面积统计值的计算程序，输入为地层种类及纵断面特征点坐标集合数表，返回为地层及相应的面积占比。其中，掌子面内各地层面积占比的计算方法如下：

(1) 定义掌子面中序值

定义掌子面中序值 g_{mid}，当掌子面圆心不在界线所在直线内时，g_{mid} 在数值上等同于掌子面上圆心所在地层的编号；当掌子面圆心在界线所在直线内时，g_{mid} 在数值上等同于掌子面上圆心所在界线的编号。

(2) 定义截面分层几何元素

定义第 i 界线与圆心的竖直距离为界线高差，记作 d_i，如图 3-5 所示。

定义 i 界线与掌子面圆周交点之间的这条弦所对应的圆心角为界线交角，记作 θ_i（θ_i 为弧度制），如图 3-5 所示，按式（3-2）计算，r 为掌子面半径。

$$\theta_i = \pi - 2\arcsin\frac{d_i}{r} \tag{3-2}$$

（3）掌子面中各地层的面积占比通用公式

定义掌子面内 i 地层所占面积为 i 地层面积，记作 S_i，S_i 的计算方法须如下分类。

1) $a=1$ 情况。

若掌子面内共 a 种地层，且 $a=1$，如图 3-2 所示，此时掌子面即为均质地层，此时无界线、界线高差、界线交角，仅存在 S_1，且 S_1 在数值上等于掌子面面积，即此时的 S_i 值如式（3-3）。

$$S_i = \pi \cdot r^2 \tag{3-3}$$

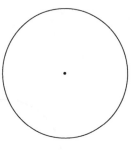

图 3-2　$a=1$ 时的掌子面分层情况

2) $a>1$ 且 $g_{\text{mid}}=1$ 情况。

此时需据掌子面圆心是否出现在界线上分类讨论：

当掌子面圆心在界线所在直线内时，若 $a=2$，即掌子面内共 2 种地层，有 1 个界线，如图 3-3 所示，此时的 S_i 值如式（3-4）。若 $a>2$，则掌子面内共 a 种地层，有 $a-1$ 个界线，如图 3-4 所示，此时的 S_i 值如式（3-5）。

$$S_i = \frac{\pi \cdot r^2}{2} \quad i=1,2. \tag{3-4}$$

$$S_i = \begin{cases} \dfrac{\pi \cdot r^2}{2} & i = 1 \\[6pt] \dfrac{r^2}{2} \cdot (\pi - \theta_i + \sin\theta_i) & i = g_{\text{mid}} + 1 \\[6pt] \dfrac{r^2}{2} \cdot (\theta_i - \theta_{i-1} + \sin\theta_i - \sin\theta_{i-1}) & g_{\text{mid}} + 1 < i < a \\[6pt] \dfrac{r^2}{2} \cdot (\theta_{i-1} - \sin\theta_{i-1}) & i = a \end{cases} \tag{3-5}$$

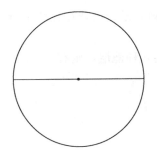

图 3-3　$a=2$ 且 $g_{\text{mid}}=1$ 时的掌子面分层情况

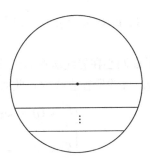

图 3-4　$a>2$ 且 $g_{\text{mid}}=1$ 时的掌子面分层情况

当掌子面圆心不在界线所在直线内时，若 $a=2$，即掌子面内共 2 种地层，有 1 个界线，如图 3-5 所示，此时的 S_i 值如式（3-6）。若 $a>2$，则掌子面内共 a 种地层，有 $a-1$ 个界线，如图 3-6 所示，此时的 S_i 值如式（3-7）。

$$S_i = \begin{cases} \dfrac{(2\pi - \theta_i + \sin\theta_i) \cdot r^2}{2} & i = 1 \\[6pt] \dfrac{(\theta_{i-1} - \sin\theta_{i-1}) \cdot r^2}{2} & i = 2 \end{cases} \tag{3-6}$$

$$S_i = \begin{cases} \dfrac{(2\pi - \theta_i + \sin\theta_i) \cdot r^2}{2} & i = 1 \\ \dfrac{r^2}{2} \cdot (\theta_{i-1} - \theta_i + \sin\theta_i - \sin\theta_{i-1}) & g_{mid} < i < a \\ \dfrac{r^2}{2} \cdot (\theta_{i-1} - \sin\theta_{i-1}) & i = a \end{cases} \quad (3-7)$$

 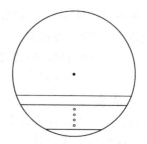

图 3-5　掌子面分层几何元素　　图 3-6　$a>2$ 且 $g_{mid}=1$ 时的掌子面分层界线

3) $a>1$ 且 $g_{mid}=a>1$ 情况。

由于界线编号总数在数值上等于地层总数减 1，所以在这种情况下，不存在掌子面圆心在界线所在直线内的情况，所以只考虑掌子面圆心不在界线所在直线内的情况。如图 3-7 所示，此时的 S_i 值如式（3-8）。

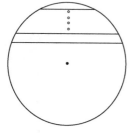

图 3-7　$a>1$ 且 $g_{mid}=a>1$ 时的掌子面分层情况

$$S_i = \begin{cases} \dfrac{r^2}{2} \cdot (\theta_i - \sin\theta_i) & i = 1 \\ \dfrac{r^2}{2} \cdot (\theta_i - \theta_{i-1} + \sin\theta_{i-1} - \sin\theta_i) & 1 < i < g_{mid} \\ \dfrac{(2\pi - \theta_{i-1} + \sin\theta_{i-1}) \cdot r^2}{2} & i = a \end{cases} \quad (3-8)$$

4) $a>2$、$g_{mid}<a$ 且 $g_{mid}>2$ 时，下面根据掌子面圆心是否出现在界线上分两种情况讨论 S_i。

当掌子面圆心在界线所在直线内时：若掌子面内共 a 种地层，则有 $a-1$ 个界线，假设圆心在 g_{mid} 界线所在直线内，此时 i 地层面积如式（3-9）。

$$S_i = \begin{cases} \dfrac{r^2}{2} \cdot (\theta_i - \sin\theta_i) & i = 1 \\ \dfrac{r^2}{2} \cdot (\theta_{i-1} - \theta_i + \sin\theta_{i-1} - \sin\theta_i) & 1 < i < g_{mid} \\ \dfrac{r^2}{2} \cdot (\pi - \theta_{i-1} + \sin\theta_{i-1}) & i = g_{mid} \\ \dfrac{r^2}{2} \cdot (\pi - \theta_i + \sin\theta_i) & i = g_{mid} + 1 \\ \dfrac{r^2}{2} \cdot (\theta_i - \theta_{i-1} + \sin\theta_i - \sin\theta_{i-1}) & g_{mid} + 1 < i < a \\ \dfrac{r^2}{2} \cdot (\theta_{i-1} - \sin\theta_{i-1}) & i = a \end{cases} \quad (3-9)$$

当掌子面圆心不在界线所在直线内时，若掌子面内共 a 种地层，则有 $a-1$ 个界线，假设圆心在 g_{mid} 地层中，此时 i 地层面积如式（3-10）。

$$S_i = \begin{cases} \dfrac{r^2}{2} \cdot (\theta_i - \sin\theta_i) & i = 1 \\ \dfrac{r^2}{2} \cdot (\theta_i - \theta_{i-1} + \sin\theta_{i-1} - \sin\theta_i) & 1 < i < g_{mid} \\ \dfrac{r^2}{2} \cdot (\sin\theta_i + \sin\theta_{i-1} + 2\pi - \theta_{i-1} - \theta_i) & i = g_{mid} \\ \dfrac{r^2}{2} \cdot (\theta_{i-1} - \theta_i + \sin\theta_i - \sin\theta_{i-1}) & g_{mid} < i < a \\ \dfrac{r^2}{2} \cdot (\theta_{i-1} - \sin\theta_{i-1}) & i = a \end{cases} \quad (3\text{-}10)$$

本区间内 8 种主要地质分段在区间内的分布情况见表 3-1。

地质分段统计表　　　　　　　　表 3-1

断面编号	占右线全线长度百分率	占左线全线长度百分率
JZ-a	2.26	23.94
JZ-b	11.28	10.84
JZ-c	4.01	3.78
RY-a	8.27	1.76
RY-b	19.51	16.38
RY-d	13.54	6.80
RY-f	9.53	10.79
RY-g	4.01	4.03

注：表中所列 8 组地质分段在左右双线总长度中占比大于 75%，为盾构穿越地层中的主要地质分段。

3.1.3 掘进参数的获取与分段统计

采用盾构数据解译传输设备远程获取掘进参数。如图 3-8 所示，数据解译传输设备包括盾构机端数据采集模块、数据处理传输模块和远程数据控制模块，盾构机 PLC 数据采集模块包括一组 RJ-45 接口和网络芯片，盾构 PLC 的 OPC 服务器与 RJ-45 接口相连，网络芯片对接收到的数据包进行处置；数据处理传输模块包括一组微型中央处理芯片、数字存储器和无线收发模块，微型中央处理芯片对网络芯片处置好的数据包进行解译，并将解译结果保存至数字存储器，并将保存在数字存储器上的解译结果通过与无线收发路由器相连接的无线收发模块发送至中心服务器；远程控制模块包括无线收发模块、嵌入式工控机和数据显示用大屏幕，嵌入式工控机通过远程无线收发模块与无线收发路由器无线通信相连，数据显示用大屏幕与嵌入式工控机相连。嵌入式工控机上安装有远程控制软件。无线收发路由器是带防火墙功能无线路由器。嵌入式工控机还可以是由多个工控机组成的局域网。

工作方式及原理：盾构 PLC 的 OPC 服务器实时获取盾构机运行的全部参数，并通过网线连接 RJ-45 端口将实时数据包发送给网络芯片，网络芯片将数据包发送给微型中央处理芯片进行解译处理，处理完成后的数据被保存到数字存储器上面，并通过无线收发路由器通过带防火墙的无线网络发送至中心服务器,通过连接网络的嵌入式工控机通过安装的远程控制软件对设备的数据采集传输情况进行实时监控管理,并显示在大屏幕上。

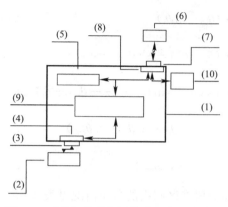

图 3-8 盾构机数据解译传输设备结构示意

(1)盾构机数据解译传输设备;(2)盾构 PLC 的 OPC 服务器;(3)RJ-45 接口;
(4)网络芯片;(5)数字存储器;(6)无线收发路由器;(7)远程无线收发模块;
(8)嵌入式工控机;(9)微型中央处理芯片;(10)远程屏幕

盾构掘进系统由 PLC 电路采集信号,控制室主机系统记录盾构机掘进速率、刀盘转速、总推力、铰接阻力、扭矩、土仓压力等参数,生成每环内各参数的平均值报表。以地质分段为基础,统计隧道沿线各段掘进参数,生成按地质分段分类的掘进参数表,作为回归分析样本集。

3.2 掘进参数回归分析方法研究

3.2.1 方法原理

(1)多元线性回归分析原理

如图 3-9 所示,多元线性回归分析的目的在于寻找多个自变量对应变量的经验关系,即构建自变量对应变量的近似数学模型。

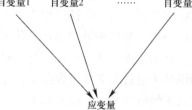

图 3-9 多元回归分析原理

如式(3-11)假设预测值的函数表达式,a_i 为自变量系数,x_i 为自变量,$\hat{y}$ 为应变量预测值,b 为常系数,n 为自变量个数。

$$\hat{y} = a_1 x_1 + a_2 x_x + \cdots + a_n x_n + b \quad (3-11)$$

残差平方和 S_e 如式(3-12)所示,m 为样本数。令残差平方和 S_e 取最小值,得方程组(3-13)。

$$S_e = \sqrt{\frac{\sum(y - \hat{y})^2}{m}} \quad (3-12)$$

$$\begin{cases} \dfrac{\partial S_e}{\partial a_i} = 0 \\ \dfrac{\partial S_e}{\partial b} = 0 \end{cases} \quad (3-13)$$

解方程组（3-13）得方程系数。

(2) logistic 回归分析原理

如图 3-10 所示，用连续型函数拟合两端分布的随机事件发生与否（0-1 分布）的情况，即 logistic 回归分析原理。

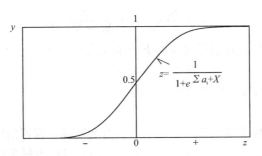

图 3-10　logistic 回归分析原理

根据 bayes 公式，由若干个体构成的一组样本的发生概率 P 如式（3-14）。

$$P = p^n (1-p)^{m-n} \tag{3-14}$$

若令 $p^n(1-p)^{m-n}$ 最大，则有式（3-15），

$$\frac{\mathrm{d} p^n (1-p)^{m-n}}{\mathrm{d} p} = 0 \tag{3-15}$$

或式（3-16）。

$$\frac{\mathrm{d} \lg(p^n (1-p)^{m-n})}{\mathrm{d} p} = 0 \tag{3-16}$$

对 $\dfrac{\mathrm{d} \lg (p^n (1-p)^{m-n})}{\mathrm{d} p}=0$，可以求出 p 的极大似然估计值。

3.2.2　分析步骤

(1) 多元回归分析步骤

1) 检验回归可行性，作应变量-各自变量之间的二维散点图。

2) 求解回归方程

对总体残差值进行最小二乘法计算，得到方程系数值。

3) 计算回归方程拟合精度

$S_{y\hat{y}}$ 为观察值 y 和拟合值 $\hat{y}$ 之间的离差积和，S_{yy} 为观察值 y 的离差平方和，$S_{\hat{y}\hat{y}}$ 为拟合值的离差平方和。

相关系数 R 如式（3-17）计算。

$$R = \frac{S_{y\hat{y}}}{\sqrt{S_{yy} \times S_{\hat{y}\hat{y}}}} \tag{3-17}$$

判定系数 AC 如式（3-18）计算。

$$AC = R^2 \tag{3-18}$$

4) 系数检验

首先，以原假设为"系数均为 0"，备择假设为"系数均为 0 不成立"，并人为选定显著性水平 α（可选 0.05）。

若原假设成立，则检验统计量服从第一自由度为自变量个数、第二自由度为"样本个数-自变量个数-2"的 F 分布。

检验统计量 ff 如式（3-19）所示，其中 S_e 为残差平方和，N 为自变量个数，M 为样本个数。

$$ff = \frac{S_{yy} - S_e}{N} + \frac{S_e}{M - N - 1} \tag{3-19}$$

根据检验统计量的值，查表得对应的 F 分布上分位值 p。

若 p 小于显著性水平 α，则"备择假设成立"。

若 p 大于显著性水平 α，则"原假设可能成立"。

5）总体回归估计

总体回归估计得到样本期望在一定概率下的分布宽度，即置信区间。

多元回归分析的置信区间 $L/2$ 如式（3-20）所示，D^2 为样本的马氏距离的平方，M 为样本个数，N 为自变量个数。

$$L/2 = \sqrt{F(N-1, M-N-1, SIG) \times \left(\frac{1}{M} + \frac{D^2}{N-1}\right) \times \frac{S_e}{M-N-1}} \tag{3-20}$$

（2）logistic 回归分析步骤

1）通过单变量散点图检验回归分析意义

2）求解 logistic 回归方程

假设应变量预测模型（单个个体发生概率）为式（3-21）。

$$\hat{y} = \frac{1}{1 + e^{-(a_1 x_1 + \cdots + a_n x_n + b)}} \tag{3-21}$$

根据 Bayes 公式，则对于该组样本，其发生的概率为式（3-22）。

$$p = \left(\frac{1}{1 + e^{-(a_1 x_1 + \cdots + a_n x_n + b)}}\right)^n \left(1 - \frac{1}{1 + e^{-(a_1 x_1 + \cdots + a_n x_n + b)}}\right)^{m-n} \tag{3-22}$$

在样本中各个观察值代入的情况下，按照式（3-23）用极大似然法求得系数。

$$\begin{cases} \dfrac{\partial \lg(p)}{\partial a_i} = 0 \\ \dfrac{\partial \lg(p)}{\partial b} = 0 \end{cases} \tag{3-23}$$

3）计算拟合精度（误判率）

由于 $\hat{y} = \dfrac{1}{1 + e^{-(a_1 x_1 + \cdots + a_n x_n + b)}}$ 为连续型函数，而应变量观察值为 0-1 分布，所以应使用误判率作为拟合精度的判别指标。

定义 $\hat{y} > 0.5$ 表示预测发生，$\hat{y} \leqslant 0.5$ 为预测不发生，则误判率 ML 为式（3-24），m_{los} 为预测结果与观察结果不一致的样本数量，m 为样本总数。

$$ML = \frac{m_{los}}{m} \tag{3-24}$$

4）似然比检验

以"系数均为 0"为原假设，以"系数均为 0 不成立"为备择假设，人为选取置信水平 α。

根据式，计算检验统计量的值，统计量服从自由度为自变量个数的 x^2 分布。根据统计量的值查找相应的 x^2 分布上分位值 p。

若 p 小于显著性水平 α，则"备择假设成立"。

若 p 大于显著性水平 α，则"原假设可能成立"。

3.2.3 针对非线性扩充子集的逐步回归方法

多元回归法求解时需要首先假设方程形式，而假设方程形式，本质上就是生成、选定线性方程中的各自变量。方程中线性无关的自变量个数越多，方程的自由度越高，相应的预测精度也越高。然而，掘进参数预测时的自变量往往是来自PLC和勘察资料的设备参数和地质参数的一次幂，即一元变量的一次幂。

3.3 自变量选取方法研究

3.3.1 因子分析原理

如图3-11，单层因子分析的目的，在于通过对现象（变现变量）进行归纳分析，得到现象的作用机理（公共因子）。

3.3.2 单层主因子分析方法

单程主因子分析方法所针对的样本，是相互独立抽样获得的样本，样本内容为对各影响因素的评价，通常由抽样问卷获得。

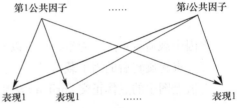

图3-11 因子分析概念示意图

（1）求解旋转前的因子载荷量

找出公共因子所产生的影响程度，有"主因子法""极大自然法"等多种方法，其中以"主因子法"的应用最为广泛。

首先将各表现变量进行标准化处理，如式（3-25）所示，X'_i为标准化后的表现变量，X_i为原始采集的表现变量，$\overline{X_i}$为原始采集的表现变量的平均值，σ为原始采集变量的标准差。经过标准化处理后，标准化后的表现变量的平均值为0，标准差为1。

$$X'_i = \frac{X_i - \overline{X_i}}{\sigma} \tag{3-25}$$

假设对于第i组数据，存在公共因子f_{i1}、f_{i2}……f_{in}，如式（3-26），生成标准化后的表现变量的系数多项式，其中a_{11}为f_{i1}的在第1组中的系数，a_{12}为f_{i2}在第1组中的系数，a_{1n}为f_{in}在第一组中的系数，e_{i1}为第一组常数余项（独立因子）。

$$X'_i = a_{i1}f_{i1} + a_{i2}f_{i2} + \cdots + a_{in}f_{in} + e_{i1} \tag{3-26}$$

假定公共因子和独立因子之间不相关、独立因子之间不相关，即令公共因子和独立因子之间的单相关系数为0，独立因子之间的单相关系数为0，且各公共因子之间不相关，建立任意两公共因子之间的单相关系数为0的正交因子模型。

举例来说，对于一个4×4的相关系数矩阵，当假设存在2个相互独立的公共因子，如式（3-27），t_{lk}为属于等号左边矩阵的数值降序k的特征值λ_k对应的单位化特征向量的第1元素。

$$\begin{bmatrix} 1-s_1 & r_{12} & r_{13} & r_{14} \\ r_{21} & 1-s_2 & r_{23} & r_{24} \\ r_{31} & r_{32} & 1-s_3 & r_{34} \\ r_{41} & r_{42} & r_{43} & 1-s_4 \end{bmatrix} \approx \begin{bmatrix} t_{11}\sqrt{\lambda_1} & t_{12}\sqrt{\lambda_2} \\ t_{21}\sqrt{\lambda_1} & t_{22}\sqrt{\lambda_2} \\ t_{31}\sqrt{\lambda_1} & t_{32}\sqrt{\lambda_2} \\ t_{41}\sqrt{\lambda_1} & t_{42}\sqrt{\lambda_2} \end{bmatrix} \begin{bmatrix} t_{11}\sqrt{\lambda_1} & t_{21}\sqrt{\lambda_1} & t_{31}\sqrt{\lambda_1} & t_{41}\sqrt{\lambda_1} \\ t_{12}\sqrt{\lambda_2} & t_{22}\sqrt{\lambda_2} & t_{32}\sqrt{\lambda_2} & t_{42}\sqrt{\lambda_2} \end{bmatrix}$$

(3-27)

假定式（3-27）等号左边主对角线上元素初始值分别为以相应次序变量为因变量、其他因素为自变量的线性回归精度，求解等号左边矩阵的特征值和单位化特征向量，从而确定 λ_k 和 t_{kl}。假设存在 2 个公共因子，则将如式（3-27）所示的等号右边乘得的矩阵主对角线元素替代相关系数矩阵主对角线元素，得到第二步迭代的相关系数矩阵。以上迭代运算产生的特征值收敛时的特征值为 λ_{kf} 及相应的特征向量元素为 t_{lkf}，则未旋转的因子载荷量为 a_{lk}，如式（3-28）所示。

$$\begin{bmatrix} a_{11} & a_{12} \\ a_{12} & a_{22} \\ a_{13} & a_{23} \\ a_{14} & a_{24} \end{bmatrix} = \begin{bmatrix} t_{11f}\sqrt{\lambda_{1f}} & t_{12f}\sqrt{\lambda_{2f}} \\ t_{21f}\sqrt{\lambda_{1f}} & t_{22f}\sqrt{\lambda_{2f}} \\ t_{31f}\sqrt{\lambda_{1f}} & t_{32f}\sqrt{\lambda_{2f}} \\ t_{41f}\sqrt{\lambda_{1f}} & t_{42f}\sqrt{\lambda_{2f}} \end{bmatrix}$$

(3-28)

将因子载荷量矩阵作为坐标点，以 $O-f_1-f_2$ 为直角坐标系，作散点图。

（2）求解旋转后的因子载荷量

对散点图中的点作正交 varimax 法旋转，如式（3-29）所示。

$$\begin{aligned} & \begin{bmatrix} a_{11} & a_{12} \\ a_{12} & a_{22} \\ a_{13} & a_{23} \\ a_{14} & a_{24} \end{bmatrix} \begin{bmatrix} a_{11} & a_{21} & a_{13} & a_{14} \\ a_{12} & a_{22} & a_{23} & a_{24} \end{bmatrix} \\ &= AB \\ &= \left\{ A \begin{bmatrix} \cos(-\theta) & -\sin(-\theta) \\ \sin(-\theta) & \cos(-\theta) \end{bmatrix} \right\} \left\{ \begin{bmatrix} \cos\theta & -\sin\theta \\ \sin\theta & \cos\theta \end{bmatrix} B \right\} \\ &= \begin{bmatrix} b_{11} & b_{12} \\ b_{21} & b_{22} \\ b_{31} & b_{32} \\ b_{41} & b_{42} \end{bmatrix} \begin{bmatrix} b_{11} & b_{21} & b_{31} & b_{41} \\ b_{12} & b_{22} & b_{32} & b_{42} \end{bmatrix} \end{aligned}$$

(3-29)

如式（3-30）所示，将坐标系旋转 θ 后令 V_b 最大，则以此时的 θ 所对应的 $\begin{bmatrix} b_{11} & b_{12} \\ b_{21} & b_{22} \\ \vdots & \\ b_{61} & b_{62} \end{bmatrix}$ 为点坐标，此时各元素即为旋转后的因子载荷量。

$$V_b = \left[\sum_{i=1}^{4} \left(\frac{b_{i1}^2}{b_{i1}^2+b_{i2}^2} - \varsigma_1 \right)^2 \right] + \left[\sum_{i=1}^{4} \left(\frac{b_{i2}^2}{b_{i1}^2+b_{i2}^2} - \varsigma_2 \right)^2 \right]$$

(3-30)

其中，$\varsigma_1 = \left(\dfrac{b_{11}^2}{b_{11}^2+b_{12}^2} + \dfrac{b_{21}^2}{b_{21}^2+b_{22}^2} + \dfrac{b_{31}^2}{b_{31}^2+b_{32}^2} + \dfrac{b_{41}^2}{b_{41}^2+b_{42}^2} \right) \Big/ 4$、$\varsigma_2 = \Big(\dfrac{b_{12}^2}{b_{11}^2+b_{12}^2} + \dfrac{b_{22}^2}{b_{21}^2+b_{22}^2} + \dfrac{b_{32}^2}{b_{31}^2+b_{32}^2} + \dfrac{b_{42}^2}{b_{41}^2+b_{42}^2} \Big) \Big/ 4$。

（3）分析公共因子

对旋转后的因子载荷矩阵中的因子载荷进行排序，得到公共因子对表现变量的影响程度。

（4）分析精度

定义第 i 公共因子的贡献度 GXD_i 如式（3-31）所示，b_{ji}^2 为旋转后载荷因子矩阵中的元素值。

$$GXD_i = \dfrac{\sum_{j=1}^{J} b_{ji}^2}{J} \times 100\% \tag{3-31}$$

（5）因子分析算例

以表3-2中的一个样本集为例，样本组数为7，变量个数为4。

算例样本集 表3-2

样本	地质指标α	地质指标β	设备指标γ	设备指标ε
A	8.00	6.00	2.00	1.00
B	6.00	5.00	1.00	2.00
C	7.00	7.00	1.00	2.00
D	2.00	1.00	2.00	3.00
E	1.00	2.00	6.00	6.00
F	1.00	1.00	5.00	7.00
G	2.00	2.00	8.00	5.00

将样本集标准化后，得表3-3。

标准化样本元素表 表3-3

样本	地质指标α	地质指标β	设备指标γ	设备指标ε
A	1.370121215	1.025645188	−0.569304086	−1.185956789
B	0.708683387	0.626783171	−0.931588505	−0.749025341
C	1.039402301	1.424507206	−0.931588505	−0.749025341
D	−0.614192269	−0.9686649	−0.569304086	−0.312093892
E	−0.944911183	−0.569802882	0.879833588	0.998700454
F	−0.944911183	−0.9686649	0.51754917	1.435631903
G	−0.614192269	−0.569802882	1.604402425	0.561769006

如式（3-32）所示，x_i、y_i 分别为两个变量的样本值，$\overline{X}$、$\overline{Y}$ 分别为样本平均值，计算标准化后样本集中各变量之间的 Pearson 相关系数，得到样本的相关系数矩阵，见表3-4。

$$r_{XY} = \dfrac{\sum (x_i - \overline{X})(y_i - \overline{Y})}{\sqrt{\sum (x_i - \overline{X})^2 \times \sum (y_i - \overline{Y})^2}} \tag{3-32}$$

相关系数表　　　　　　　　　　　　　　　　表 3-4

	α	β	γ	ε
α	1.000	0.955	−0.727	−0.898
β	0.955	1.000	−0.643	−0.788
γ	−0.727	−0.643	1.000	0.795
ε	−0.898	−0.788	0.795	1.000

对样本变量进行 Kaiser-Meyer-Olkin 检验（KMO 检验），如式（3-33）所示，KMO 值越大，表明所有变量间的相关系数平方和越大于偏相关系数平方和，变量间的相关性越强，样本越适合做因子分析。

$$\mathrm{KMO} = \frac{\sum\sum_{i \neq j}(r_{ij})^2}{\sum\sum_{i \neq j}(r_{ij})^2 + \sum\sum_{i \neq j}(k_{ij})^2} \quad (3\text{-}33)$$

$\sum\sum_{i \neq j}(r_{ij})^2$ 为所有变量之间的相关系数矩阵除对角线元素之外的各元素的平方和，本例中 $\sum\sum_{i \neq j}(r_{ij})^2$ 约为 7.826。

$\sum\sum_{i \neq j}(k_{ij})^2$ 为所有变量之间的偏相关系数矩阵除对角线元素之外的各元素的平方和，求法如下：

相关系数矩阵的逆矩阵如式（3-34）所示。

$$\begin{bmatrix} 1 & 0.955 & -0.727 & -0.898 \\ 0.955 & 1 & -0.643 & -0.788 \\ -0.727 & -0.643 & 1 & 0.795 \\ -0.898 & -0.788 & 0.795 & 1 \end{bmatrix}^{-1} \approx \begin{bmatrix} 31.112 & -20.296 & 0.194 & 11.791 \\ -20.296 & 15.883 & -0.008 & -5.703 \\ 0.194 & -0.008 & 2.724 & -1.997 \\ 11.791 & -5.703 & -1.997 & 8.682 \end{bmatrix} \quad (3\text{-}34)$$

将相关系数矩阵的逆矩阵的对角线元素取倒数并提取出来，构造一个新的对角阵 D_1，如式（3-35）所示。

$$D_1 = \begin{bmatrix} 0.032 & 0 & 0 & 0 \\ 0 & 0.063 & 0 & 0 \\ 0 & 0 & 0.367 & 0 \\ 0 & 0 & 0 & 0.115 \end{bmatrix} \quad (3\text{-}35)$$

D_1 的反映像协方差矩阵为 D_{1mc}，如式（3-36）所示。

$$\begin{aligned} D_{1mc} &= \begin{bmatrix} 0.032 & 0 & 0 & 0 \\ 0 & 0.063 & 0 & 0 \\ 0 & 0 & 0.367 & 0 \\ 0 & 0 & 0 & 0.115 \end{bmatrix} \begin{bmatrix} 31.112 & -20.296 & 0.194 & 11.791 \\ -20.296 & 15.883 & -0.008 & -5.703 \\ 0.194 & -0.008 & 2.724 & -1.997 \\ 11.791 & -5.703 & -1.997 & 8.682 \end{bmatrix} \begin{bmatrix} 0.032 & 0 & 0 & 0 \\ 0 & 0.063 & 0 & 0 \\ 0 & 0 & 0.367 & 0 \\ 0 & 0 & 0 & 0.115 \end{bmatrix} \\ &= \begin{bmatrix} 0.032 & -0.041 & 0.002 & 0.044 \\ -0.041 & 0.063 & 0 & -0.041 \\ 0.002 & 0 & 0.367 & -0.084 \\ 0.044 & -0.041 & -0.084 & 0.115 \end{bmatrix} \end{aligned} \quad (3\text{-}36)$$

D_1 的映像协方差矩阵为 D_{1c}，如式（3-37）。

$$D_{1c}$$
$$=\begin{bmatrix} 1 & 0.955 & -0.727 & -0.898 \\ 0.955 & 1 & -0.643 & -0.788 \\ -0.727 & -0.643 & 1 & 0.795 \\ -0.898 & -0.788 & 0.795 & 1 \end{bmatrix} + \begin{bmatrix} 0.032 & -0.041 & 0.002 & 0.044 \\ -0.041 & 0.063 & 0 & -0.041 \\ 0.002 & 0 & 0.367 & -0.084 \\ 0.044 & -0.041 & -0.084 & 0.115 \end{bmatrix} - 2\begin{bmatrix} 0.032 & 0 & 0 & 0 \\ 0 & 0.063 & 0 & 0 \\ 0 & 0 & 0.367 & 0 \\ 0 & 0 & 0 & 0.115 \end{bmatrix}$$

$$=\begin{bmatrix} 0.968 & 0.914 & -0.725 & -0.854 \\ 0.914 & 0.937 & -0.643 & -0.829 \\ -0.725 & -0.643 & 0.632 & 0.711 \\ -0.854 & -0.829 & 0.711 & 0.885 \end{bmatrix} \tag{3-37}$$

将 D_{1mc} 的对角线元素单独提出开平方，组成新的对角阵 D_2、D_2^{-1}，如式（3-38）、式（3-39）所示。

$$D_2 = \begin{bmatrix} 0.179 & 0 & 0 & 0 \\ 0 & 0.251 & 0 & 0 \\ 0 & 0 & 0.606 & 0 \\ 0 & 0 & 0 & 0.339 \end{bmatrix} \tag{3-38}$$

$$D_2^{-1} = \begin{bmatrix} 5.577 & 0 & 0 & 0 \\ 0 & 3.985 & 0 & 0 \\ 0 & 0 & 1.650 & 0 \\ 0 & 0 & 0 & 2.946 \end{bmatrix} \tag{3-39}$$

映像相关系数矩阵 D_{3c}，如式（3-40）所示。

$$D_{3c} = \begin{bmatrix} 5.577 & 0 & 0 & 0 \\ 0 & 3.985 & 0 & 0 \\ 0 & 0 & 1.650 & 0 \\ 0 & 0 & 0 & 2.946 \end{bmatrix} \begin{bmatrix} 0.968 & 0.914 & -0.725 & -0.854 \\ 0.914 & 0.937 & -0.643 & -0.829 \\ -0.725 & -0.643 & 0.632 & 0.711 \\ -0.854 & -0.829 & 0.711 & 0.885 \end{bmatrix} \begin{bmatrix} 5.577 & 0 & 0 & 0 \\ 0 & 3.985 & 0 & 0 \\ 0 & 0 & 1.650 & 0 \\ 0 & 0 & 0 & 2.946 \end{bmatrix}$$

$$=\begin{bmatrix} 30.112 & 20.316 & -6.672 & -14.041 \\ 20.316 & 14.883 & -4.231 & -9.739 \\ -6.672 & -4.231 & 1.724 & 3.456 \\ -14.041 & -9.739 & 3.456 & 7.682 \end{bmatrix} \tag{3-40}$$

反映像相关系数矩阵 D_{3mc}，即所有变量之间的偏相关系数矩阵，如式（3-41）。

$$D_{3mc} = \begin{bmatrix} 5.577 & 0 & 0 & 0 \\ 0 & 3.985 & 0 & 0 \\ 0 & 0 & 1.650 & 0 \\ 0 & 0 & 0 & 2.946 \end{bmatrix} \begin{bmatrix} 0.032 & -0.041 & 0.002 & 0.044 \\ -0.041 & 0.063 & 0 & -0.041 \\ 0.002 & 0 & 0.367 & -0.084 \\ 0.044 & -0.041 & -0.084 & 0.115 \end{bmatrix} \begin{bmatrix} 5.577 & 0 & 0 & 0 \\ 0 & 3.985 & 0 & 0 \\ 0 & 0 & 1.650 & 0 \\ 0 & 0 & 0 & 2.946 \end{bmatrix}$$

$$=\begin{bmatrix} 1 & -0.913 & 0.021 & 0.717 \\ -0.913 & 1 & -0.001 & -0.486 \\ -0.021 & -0.001 & 1 & -0.411 \\ 0.717 & -0.486 & -0.411 & 1 \end{bmatrix} \tag{3-41}$$

计算 D_{3mc} 中除对角线元素以外的各元素平方和，约为 3.506。

所以，由于本算例中 KMO=7.826/（7.826+3.506）≈0.691，KMO 值较大，且算例样本显著性 0.002，适宜用因子分析。

若选取 2 个公共因子和 i 各独立因子，分别为 f_{i1}、f_{i2}、e_{ij}，用主成分法进行分析，见

表 3-5。

用因子和表达的标准化样本值 表 3-5

样本	地质指标 α($j=1$)	…	设备指标 ε($j=4$)
A($i=1$)	$a_{\alpha 1}f_{A1}+a_{\alpha 2}f_{A2}+e_{A1}$	…	$a_{\varepsilon 1}f_{A1}+a_{\varepsilon 2}f_{A2}+e_{A4}$
⋮	⋮	⋮	⋮
G($i=7$)	$a_{\alpha 1}f_{G1}+a_{\alpha 2}f_{G2}+e_{G1}$	…	$a_{\varepsilon 1}f_{G1}+a_{\varepsilon 2}f_{G2}+e_{G4}$
均值	0	…	0
方差	1	…	1

若以正交因子法进行假定,即假定公共因子和独立因子之间、公共因子之间及独立因子之间均不相关,则以公共因子 f_{i1}、f_{i2} 和独立因子 e_{i3}、e_{i4} 为例,f_{i1} 和 e_{i4} 不相关、f_{i1} 和 f_{i2} 不相关、e_{i3} 和 e_{i4} 不相关分别如式(3-42)~式(3-44)所示。

$$\frac{\sum(f_{i1}-\overline{f}_{i1})(e_{i4}-\overline{e}_{i4})}{\sqrt{\sum(f_{i1}-\overline{f}_{i1})^2 \times \sum(e_{i4}-\overline{e}_{i4})^2}}=0 \tag{3-42}$$

$$\frac{\sum(f_{i1}-\overline{f}_{i1})(f_{i2}-\overline{f}_{i2})}{\sqrt{\sum(f_{i1}-\overline{f}_{i1})^2 \times \sum(f_{i2}-\overline{f}_{i2})^2}}=0 \tag{3-43}$$

$$\frac{\sum(e_{i3}-\overline{e}_{i3})(e_{i4}-\overline{e}_{i4})}{\sqrt{\sum(e_{i3}-\overline{e}_{i3})^2 \times \sum(e_{i4}-\overline{e}_{i4})^2}}=0 \tag{3-44}$$

计算同一因素标准化后分值之间的单相关系数,以 α 和 ε 之间的单相关系数 $c_{\alpha\varepsilon}$ 为例,如式(3-45)所示。

$$\begin{aligned}
c_{\alpha\varepsilon} &= \frac{\sum(a_{\alpha 1}f_{i1}+a_{\alpha 2}f_{i2}+e_{i1}-0)(a_{\varepsilon 1}f_{i1}+a_{\varepsilon 2}f_{i2}+e_{i4}-0)}{\sqrt{\sum(a_{\alpha 1}f_{i1}+a_{\alpha 2}f_{i2}+e_{i1}-0)^2 \times \sum(a_{\varepsilon 1}f_{i1}+a_{\varepsilon 2}f_{i2}+e_{i4}-0)^2}} \\
&= \frac{\sum(a_{\alpha 1}f_{i1}+a_{\alpha 2}f_{i2}+e_{i1}-0)(a_{\varepsilon 1}f_{i1}+a_{\varepsilon 2}f_{i2}+e_{i4}-0)}{7-1} \\
&= \frac{\begin{bmatrix}(a_{\alpha 1}f_{A1}+a_{\alpha 2}f_{A2}+e_{A1})(a_{\varepsilon 1}f_{A1}+a_{\varepsilon 2}f_{A2}+e_{A4})+\cdots \\ +(a_{\alpha 1}f_{G1}+a_{\alpha 2}f_{G2}+e_{G1})(a_{\varepsilon 1}f_{G1}+a_{\varepsilon 2}f_{G2}+e_{G4})\end{bmatrix}}{6} \\
&= \frac{a_{\alpha 1}a_{\varepsilon 1}(\sum(f_{i1})^2)+a_{\alpha 2}a_{\varepsilon 2}(\sum(f_{i2})^2)}{6} \\
&= a_{\alpha 1}a_{\varepsilon 1}+a_{\alpha 2}a_{\varepsilon 2}
\end{aligned} \tag{3-45}$$

计算同一因素标准化后分值之间的单相关系数,以 α 和 α 之间的单相关系数 $c_{\alpha\alpha}$ 为例,如式(3-46)所示,s_1 为 e_{i1} 的样本方差。

$$\begin{aligned}
c_{\alpha\alpha} &= \frac{\sum(a_{\alpha 1}f_{i1}+a_{\alpha 2}f_{i2}+e_{i1}-0)(a_{\alpha 1}f_{i1}+a_{\alpha 2}f_{i2}+e_{i1}-0)}{\sqrt{\sum(a_{\alpha 1}f_{i1}+a_{\alpha 2}f_{i2}+e_{i1}-0)^2 \times \sum(a_{\alpha 1}f_{i1}+a_{\alpha 2}f_{i2}+e_{i1}-0)^2}} \\
&= \frac{\sum(a_{\alpha 1}f_{i1}+a_{\alpha 2}f_{i2}+e_{i1}-0)(a_{\alpha 1}f_{i1}+a_{\alpha 2}f_{i2}+e_{i1}-0)}{7-1}
\end{aligned}$$

$$
\begin{aligned}
&= \frac{\begin{bmatrix}(a_{a1}f_{A1}+a_{a2}f_{A2}+e_{A1})(a_{a1}f_{A1}+a_{a2}f_{A2}+e_{A1})+\cdots\\ +(a_{a1}f_{G1}+a_{a2}f_{G2}+e_{G1})(a_{a1}f_{G1}+a_{a2}f_{G2}+e_{G1})\end{bmatrix}}{6}\\
&= \frac{a_{a1}{}^2(\sum(f_{i1})^2)+a_{a2}{}^2(\sum(f_{i2})^2)+\sum(e_{i1})^2}{6}\\
&= a_{a1}a_{\varepsilon1}+a_{a2}a_{\varepsilon2}+s_1
\end{aligned}
\tag{3-46}
$$

由于标准化后的各元素可以由公共因子、独立因子及矩阵系数表达（表3-6），所以因子化表达的各元素计算单相关系数并形成相关系数矩阵近似等于利用观察值得到的相关系数矩阵（表）。将独立因子方差移项得式（3-47），式中矩阵对角线上元素可以按表取初始值，得到矩阵如式（3-48）所示，t_{kl} 为数值降序 k 的特征值 λ_k 对应的特征向量的第 l 元素。

$$
\begin{bmatrix}
1-s_1 & 0.955 & 0.727 & -0.898\\
0.955 & 1-s_2 & -0.643 & -0.788\\
-0.727 & -0.643 & 1-s_3 & 0.795\\
-0.898 & -0.788 & 0.795 & 1-s_4
\end{bmatrix}
\tag{3-47}
$$

$$
\begin{bmatrix}
1-s_1 & 0.955 & 0.727 & -0.898\\
0.955 & 1-s_2 & -0.643 & -0.788\\
-0.727 & -0.643 & 1-s_3 & 0.795\\
-0.898 & -0.788 & 0.795 & 1-s_4
\end{bmatrix}
\approx
\begin{bmatrix}
t_{11}\sqrt{\lambda_1} & t_{21}\sqrt{\lambda_2}\\
t_{12}\sqrt{\lambda_1} & t_{22}\sqrt{\lambda_2}\\
t_{13}\sqrt{\lambda_1} & t_{23}\sqrt{\lambda_2}\\
t_{14}\sqrt{\lambda_1} & t_{24}\sqrt{\lambda_2}
\end{bmatrix}
\begin{bmatrix}
t_{11}\sqrt{\lambda_1} & t_{12}\sqrt{\lambda_1} & t_{13}\sqrt{\lambda_1} & t_{14}\sqrt{\lambda_1}\\
t_{21}\sqrt{\lambda_2} & t_{22}\sqrt{\lambda_2} & t_{23}\sqrt{\lambda_2} & t_{24}\sqrt{\lambda_2}
\end{bmatrix}
\tag{3-48}
$$

主成分回归方程拟合精度表　　表3-6

序号	主成分回归方程	R^2	$1-s_1$ 的初始值
	$\alpha=0.786\beta-0.008\gamma-0.500\varepsilon+3.046$	0.967	0.967
	$\beta=1.057\alpha+0.001\gamma+0.389\varepsilon-2.098$	0.936	0.936
	$\gamma=-0.074\alpha+0.010\beta+0.881\varepsilon+0.550$	0.633	0.633
	$\varepsilon=-1.020\alpha-0.590\beta-0.192\gamma+4.938$	0.884	0.884

求矩阵 $\begin{bmatrix} 0.967 & 0.955 & 0.727 & -0.898\\ 0.955 & 0.936 & -0.643 & -0.788\\ -0.727 & -0.643 & 0.633 & 0.795\\ -0.898 & -0.788 & 0.795 & 0.565 \end{bmatrix}$ 的特征值及单位化特征向量得表3-7。

独立因子方差移项后矩阵的特征值及相应的特征向量　　表3-7

特征值	3.282	0.208	-0.019	-0.050
特征向量	$\begin{bmatrix}0.543\\0.510\\-0.427\\-0.512\end{bmatrix}$	$\begin{bmatrix}0.259\\0.649\\0.529\\0.481\end{bmatrix}$	$\begin{bmatrix}-0.733\\0.545\\-0.396\\0.095\end{bmatrix}$	$\begin{bmatrix}0.317\\-0.146\\-0.618\\0.704\end{bmatrix}$

由于假定共同因子只有 2 个，且最大的 2 个特征值均大于零，所以只取最大的 2 个特征值对应的特征向量。由第一步主要特征值及特征向量乘得的矩阵近似式（3-49）。

$$
=\begin{bmatrix} 0.543\sqrt{3.282} & 0.485\sqrt{0.208} \\ 0.510\sqrt{3.282} & -0.062\sqrt{0.208} \\ -0.427\sqrt{3.282} & -0.452\sqrt{0.208} \\ -0.512\sqrt{3.282} & 0.746\sqrt{0.208} \end{bmatrix} \begin{bmatrix} 0.543\sqrt{3.282} & 0.510\sqrt{3.282} & -0.427\sqrt{3.282} & -0.512\sqrt{3.282} \\ -0.259\sqrt{0.208} & 0.649\sqrt{0.208} & 0.529\sqrt{0.208} & 0.481\sqrt{0.208} \end{bmatrix}
$$

$$
=\begin{bmatrix} 0.982 & 0.944 & -0.732 & -0.887 \\ 0.944 & 0.942 & -0.642 & -0.792 \\ -0.732 & -0.642 & 0.657 & 0.771 \\ -0.887 & -0.792 & 0.771 & 0.910 \end{bmatrix} \approx \begin{bmatrix} 0.967 & 0.955 & 0.727 & -0.898 \\ 0.955 & 0.936 & -0.643 & -0.788 \\ -0.727 & -0.643 & 0.633 & 0.795 \\ -0.898 & -0.788 & 0.795 & 0.565 \end{bmatrix} \quad (3\text{-}49)
$$

对初始值对应的第一步计算结果进行迭代，如图 3-12 所示，将上一步由主要特征值及特征向量乘得的矩阵的主对角线元素分别替代初始相关系数矩阵主对角线元素，得到第二步近似相关系数矩阵[式（3-50）]。

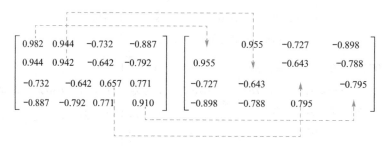

图 3-12 迭代项及赋值方法

$$
\begin{bmatrix} 0.982 & 0.955 & 0.727 & -0.898 \\ 0.955 & 0.942 & -0.643 & -0.788 \\ -0.727 & -0.643 & 0.657 & 0.795 \\ -0.898 & -0.788 & 0.795 & 0.910 \end{bmatrix} \quad (3\text{-}50)
$$

求式（3-50）的特征向量并单位化，得表 3-8。

式（3-50）的特征值及相应的特征向量　　　表 3-8

特征值	3.299	0.226	-0.005	-0.031
特征向量	$\begin{bmatrix} 0.543 \\ 0.508 \\ -0.428 \\ -0.514 \end{bmatrix}$	$\begin{bmatrix} 0.277 \\ 0.639 \\ 0.532 \\ 0.482 \end{bmatrix}$	$\begin{bmatrix} -0.673 \\ 0.530 \\ -0.473 \\ 0.207 \end{bmatrix}$	$\begin{bmatrix} 0.419 \\ -0.230 \\ -0.557 \\ 0.679 \end{bmatrix}$

如此迭代，依次得到的特征值和特征向量分别见表 3-9～表 3-10。

迭代过程中矩阵的特征值及相应的特征向量示例　　　表 3-9

特征值	3.306	0.236	-0.001	-0.018
特征向量	$\begin{bmatrix} 0.543 \\ 0.507 \\ -0.428 \\ -0.515 \end{bmatrix}$	$\begin{bmatrix} 0.288 \\ 0.633 \\ 0.531 \\ 0.485 \end{bmatrix}$	$\begin{bmatrix} -0.62 \\ 0.507 \\ -0.528 \\ 0.284 \end{bmatrix}$	$\begin{bmatrix} 0.489 \\ -0.293 \\ -0.506 \\ 0.647 \end{bmatrix}$

第 3 章 盾构穿越复合地层掘进参数定量预测方法研究

收敛时矩阵的特征值及相应的特征向量　　　　　　　　　表 3-10

特征值	3.310	0.239	−0.007	−0.014
特征向量	$\begin{bmatrix} 0.543 \\ 0.507 \\ -0.428 \\ -0.515 \end{bmatrix}$	$\begin{bmatrix} 0.292 \\ 0.630 \\ 0.528 \\ 0.488 \end{bmatrix}$	$\begin{bmatrix} -0.589 \\ 0.489 \\ -0.556 \\ 0.323 \end{bmatrix}$	$\begin{bmatrix} 0.523 \\ -0.327 \\ -0.478 \\ 0.626 \end{bmatrix}$

所以，可取主成分矩阵见表 3-11，主成分矩阵的元素依次为相应公共因子载荷量。

公共因子载荷量及相应的主成分矩阵　　　　　　　　　表 3-11

特征值	3.310	0.239
主成分矩阵	$\begin{bmatrix} 0.543\sqrt{3.31} \\ 0.507\sqrt{3.31} \\ -0.428\sqrt{3.31} \\ -0.515\sqrt{3.31} \end{bmatrix}$	$\begin{bmatrix} 0.292\sqrt{0.239} \\ 0.630\sqrt{0.239} \\ 0.528\sqrt{0.239} \\ 0.488\sqrt{0.239} \end{bmatrix}$

如式（3-51）所示，对主成分矩阵进行 varimax 旋转。

$$\begin{bmatrix} 0.543\sqrt{3.31} & 0.292\sqrt{0.239} \\ 0.507\sqrt{3.31} & 0.630\sqrt{0.239} \\ -0.428\sqrt{3.31} & 0.528\sqrt{0.239} \\ -0.515\sqrt{3.31} & 0.488\sqrt{0.239} \end{bmatrix} \begin{bmatrix} 0.543\sqrt{3.31} & 0.507\sqrt{3.31} & -0.428\sqrt{3.31} & -0.515\sqrt{3.31} \\ 0.292\sqrt{0.239} & 0.630\sqrt{0.239} & 0.528\sqrt{0.239} & 0.488\sqrt{0.239} \end{bmatrix}$$

$$= AB$$

$$= \left(A \begin{bmatrix} \cos\theta & \sin\theta \\ -\sin\theta & \cos\theta \end{bmatrix} \right) \left(\begin{bmatrix} \cos\theta & -\sin\theta \\ \sin\theta & \cos\theta \end{bmatrix} B \right)$$

(3-51)

如式（3-52），将矩阵 A 逆时针旋转 θ。

$$\left(A \begin{bmatrix} \cos\theta & \sin\theta \\ -\sin\theta & \cos\theta \end{bmatrix} \right)$$

$$= \begin{bmatrix} 0.543\sqrt{3.31} & 0.292\sqrt{0.239} \\ 0.507\sqrt{3.31} & 0.630\sqrt{0.239} \\ -0.428\sqrt{3.31} & 0.528\sqrt{0.239} \\ -0.515\sqrt{3.31} & 0.488\sqrt{0.239} \end{bmatrix} \begin{bmatrix} \cos\theta & \sin\theta \\ -\sin\theta & \cos\theta \end{bmatrix}$$

(3-52)

$$\approx \begin{bmatrix} 0.988\cos\theta - 0.143\sin\theta & 0.988\sin\theta + 0.143\cos\theta \\ 0.922\cos\theta - 0.308\sin\theta & 0.922\sin\theta + 0.308\cos\theta \\ -0.779\cos\theta - 0.258\sin\theta & -0.779\sin\theta + 0.258\cos\theta \\ -0.937\cos\theta - 0.239\sin\theta & -0.937\sin\theta + 0.239\cos\theta \end{bmatrix} = \begin{bmatrix} b_{11} & b_{12} \\ b_{21} & b_{22} \\ b_{31} & b_{32} \\ b_{41} & b_{42} \end{bmatrix}$$

令 $\varsigma_1 = \left(\dfrac{b_{11}^2}{b_{11}^2+b_{12}^2} + \dfrac{b_{21}^2}{b_{21}^2+b_{22}^2} + \dfrac{b_{31}^2}{b_{31}^2+b_{32}^2} + \dfrac{b_{41}^2}{b_{41}^2+b_{42}^2} \right) \big/ 4$、$\varsigma_2 = \Big(\dfrac{b_{12}^2}{b_{11}^2+b_{12}^2} + \dfrac{b_{22}^2}{b_{21}^2+b_{22}^2} + \dfrac{b_{32}^2}{b_{31}^2+b_{32}^2} +$ $\dfrac{b_{42}^2}{b_{41}^2+b_{42}^2} \Big) \big/ 4$，得如式（3-53），

$$V_b = \left[\sum_{i=1}^{4} \left(\dfrac{b_{i1}^2}{b_{i1}^2+b_{i2}^2} - \varsigma_1 \right)^2 \right] + \left[\sum_{i=1}^{4} \left(\dfrac{b_{i2}^2}{b_{i1}^2+b_{i2}^2} - \varsigma_2 \right)^2 \right]$$

(3-53)

经数值方法验算，当 V_b 取最大值时的 θ 约为 $(-\pi/4.05)\ rad$，此时成分矩阵为式 (3-54)。

$$\begin{bmatrix} b_{11} & b_{12} \\ b_{21} & b_{22} \\ b_{31} & b_{32} \\ b_{41} & b_{42} \end{bmatrix} \approx \begin{bmatrix} 0.805 & -0.590 \\ 0.874 & -0.426 \\ -0.375 & 0.730 \\ -0.502 & 0.826 \end{bmatrix} \tag{3-54}$$

（6）分析公共因子

对旋转后的因子载荷矩阵中的因子载荷进行排序，得到公共因子对表现变量的影响程度。主因子对各指标的影响性大小如图 3-13 所示。

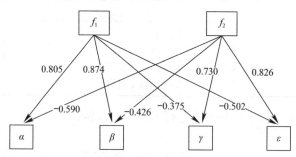

图 3-13 公共因子影响性示意

根据式 (3-54) 计算主因子累积贡献度见表 3-12，两个主因子的累积贡献度较大，因子分析精度较高。

主因子累积贡献度表　　　表 3-12

	贡献度	累积贡献度
f_1	$\left[\sum_{i=1}^{4} b_{i1}^2/4\right] \times 100\% \approx 45.131\%$	45.131%
f_2	$\left[\sum_{i=1}^{4} b_{i2}^2/4\right] \times 100\% \approx 43.613\%$	45.131%+43.613%=88.744%

如式 (3-55) 计算成分得分，成分得分矩阵中的列向量即为单一公共因子在各样本组中的得分矩阵，得分越大表明该公共因子对相应样本组的影响性越大。

$$\begin{aligned}
&\begin{bmatrix} 1.370 & 1.026 & -0.569 & -1.186 \\ 0.709 & 0.627 & -0.932 & -0.749 \\ 1.039 & 1.425 & -0.932 & -0.749 \\ -0.614 & -0.969 & -0.569 & -0.312 \\ -0.945 & -0.570 & 0.880 & 0.999 \\ -0.945 & -0.969 & 0.518 & 1.436 \\ -0.614 & 0.570 & 1.604 & 0.562 \end{bmatrix} \begin{bmatrix} 1 & 0.955 & -0.727 & -0.898 \\ 0.955 & 1 & -0.643 & -0.788 \\ -0.727 & -0.643 & 1 & 0.795 \\ -0.898 & -0.788 & 0.795 & 1 \end{bmatrix}^{-1} \begin{bmatrix} 0.805 & -0.590 \\ 0.874 & -0.426 \\ -0.375 & 0.730 \\ -0.502 & 0.826 \end{bmatrix} \\
&= \begin{bmatrix} 1.082 & -0.798 \\ 0.394 & -0.671 \\ 1.156 & -0.222 \\ -1.558 & -1.081 \\ -0.464 & 0.943 \\ -0.282 & 1.183 \\ -0.327 & 0.647 \end{bmatrix}
\end{aligned} \tag{3-55}$$

(7) 局限性

在因子分析时，公共因子为地位相等的无关变量，然而实际的作用机理路径可能如图 3-14 所示，公共因子之间存在相关性。所以，假设公共因子线性无关得到的结论存在一定偏差，可以通过结构方程法，即假设多种路径来逐一分析真实作用机理。

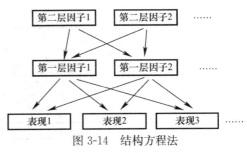

图 3-14 结构方程法

结构方程法中，各箭头表示传递机理的量化，类似因子分析中的因子载荷量，表示了该因子对某表现变量的影响强弱。

结构方程的计算方法，可以将下层主因子作为样本，对其使用因子分析，得到更上层因子。

3.3.3 自变量分层选取方法

针对施工成本的掘进参数优化，目的是提供一种方便使用，原理可靠的简化、快速的预测和计算方法，其计算来源应为常规勘察、施工条件下的具体项目中的实际工程资料及施工参数实测值。

在相同地质条件下，刀具与围岩之间的应力-应变关系一定，刀盘与掌子面之间的应力-应变关系一定。事实上，刀盘及盾构选型是以勘察报告揭示的地层物理、力学性质为根据，通过一系列理论公式、半经验公式得到盾构各组成部分的关键指标参数。因此，地质条件决定了设备参数。

针对因子分析的局限性，可以将地质条件和设备参数分别作为不同级因子来讨论它们各自对掘进参数的影响。由于地质条件决定了设备参数，所以应将地质条件作为第一级因子，设备因素设为第二级因子。

第一级因子中，考虑到本技术用于超前预测掘进参数指导施工，所以参考资料为勘察报告能够提供的参数。对于复合岩层，岩层是掘进施工的主要对象，而现行国家标准中多以岩体基本质量指标 BQ 来表征均质岩层的质量。借鉴 BQe 指标来描述掌子面为复合地层时的质量，还需要根据勘察报告得到的掌子面内各地层的面积比例。此外，现行国家标准中还提出结构面产状、数量、地下水发育情况等其他能够影响盾构选型和掘进参数的地质因素，但由于一般级别的详勘不能提供这些值，所以本研究不将这类地质因素作为第一级因子。值得注意的是，第一级因子中的两个因子：BQ 和面积比，互为线性无关向量，不存在相关性，严格符合结构方程法机理分析的前提。

第二级因子中，设备参数主要为刀盘选型和主驱动的类型，都是类型变量，主要是在分析和试验时起到分类归并的作用。不同类型的刀盘适用于不同类型的地层，配置的刀具随着掘进地层的变化而不同。主驱动类型的区分，关键看功率控制方式和动力头形式，功率控制方式分为变频式和定频式，动力头形式分为轴向时和圆周式。第二级因子中的两个因子也是线性无关的，不存在相关性，严格符合结构方程法机理分析的前提。

两级影响因素的结构方程形式如图 3-15 所示，各箭头表示该因子对某表现变量的影响。

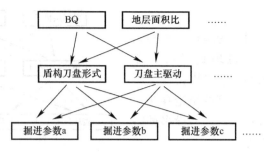

图 3-15 因子影响结构

3.4 改进最优子集法的回归计算方法

3.4.1 最优子集法机理及过程

根据第3.2节研究成果，多元回归法求解时需要首先假设方程形式。假设方程形式，本质上就是生成、选定线性方程中的各自变量。方程中线性无关的自变量个数越多，方程的自由度越高，相应的预测精度也越高。

最优子集法，是将所有自变量排列组合后，形成若干个线性方程，并对每一个线性方程进行多元线性回归求解、系数检验和精度判别的穷举计算方法。

最优子集法算例表　　　　表3-13

应变量 Y 观察值（掘进速率 v, mm）	自变量 x_1 观察值（刀盘扭矩 T, MN·m）	自变量 x_2 观察值（刀盘转速 n, rpm）	自变量 x_3 观察值（总推力 F, kN）	自变量 x_4 观察值（土仓压力 P, bar）
26	1.5	2.0	7069	0.73
36	1.5	2.7	7878	0.74
29	1.6	2.9	8250	0.77
19	1.5	2.8	7971	0.69
29	1.5	2.6	7431	0.80
28	1.5	2.8	8090	0.81
29	1.6	3.0	8041	0.72
14	1.5	2.7	8883	0.41
28	1.5	2.9	8859	0.81
28	1.5	2.5	8217	0.87
32	1.5	2.4	6923	0.71
27	1.5	2.4	7164	0.78
18	1.4	1.7	7701	0.90
28	1.5	2.6	7835	0.76
28	1.5	2.6	7790	0.84
29	1.5	2.3	7351	0.91
31	1.5	2.3	6455	0.84
29	1.5	2.0	5905	0.72
26	1.5	2.1	7530	0.67
23	1.4	2.8	10514	0.61
15	1.5	2.4	9401	0.63

续表

应变量 Y 观察值 （掘进速率 v, mm）	自变量 x_1 观察值 （刀盘扭矩 T, MN·m）	自变量 x_2 观察值 （刀盘转速 n, rpm）	自变量 x_3 观察值 （总推力 F, kN）	自变量 x_4 观察值 （土仓压力 P, bar）
18	1.6	2.8	9289	0.55
18	1.5	3.0	8873	0.49
30	1.6	2.8	8268	0.67
18	1.4	2.8	8840	0.62
22	1.5	3.0	9300	0.84
27	1.6	3.1	8629	0.75
26	1.5	3.1	9898	0.88
18	1.5	3.2	9938	0.51
19	1.6	3.2	8821	0.50
24	1.6	3.2	8844	0.77
22	1.6	3.2	9049	0.77
23	1.5	3.0	8446	0.90
22	1.5	2.9	8836	0.86
22	1.5	2.9	8619	0.90
29	1.6	2.9	8165	0.77
29	1.5	2.9	9449	0.79
25	1.6	3.0	9222	0.73
21	1.5	2.9	9981	0.76
22	1.5	3.1	9558	0.76
16	1.6	3.2	10167	0.58
26	1.6	3.2	10932	0.90
23	1.6	3.1	9953	0.85
23	1.6	3.1	9677	0.83
13	1.6	3.1	11301	0.82
24	1.6	3.0	9482	0.85
21	1.6	2.8	8930	0.78
19	1.5	2.7	8386	0.90
21	1.6	2.8	7728	1.01

以表 3-13 为例，有 4 个直接来自观察的自变量，这 4 个自变量可以生成的多元子集 $C_4^4 + C_4^3 + C_4^2$ 个，分别为：

1) $\{x_1, x_2, x_3, x_4\}$
2) $\{x_1, x_2, x_3\}$
3) $\{x_1, x_2, x_4\}$
4) $\{x_1, x_3, x_4\}$
5) $\{x_2, x_3, x_4\}$
6) $\{x_1, x_2\}$
7) $\{x_1, x_3\}$
8) $\{x_1, x_4\}$
9) $\{x_2, x_3\}$
10) $\{x_2, x_4\}$

11) $\{x_3, x_4\}$

相应的多元回归方程（无常数项）为：

1) $\hat{y}=\begin{bmatrix} a & b & c & d & e \end{bmatrix}\begin{bmatrix} x_1 & x_2 & x_3 & x_4 & 1 \end{bmatrix}^T$
2) $\hat{y}=\begin{bmatrix} a & b & c & e \end{bmatrix}\begin{bmatrix} x_1 & x_2 & x_3 & 1 \end{bmatrix}^T$
3) $\hat{y}=\begin{bmatrix} a & b & d & e \end{bmatrix}\begin{bmatrix} x_1 & x_2 & x_4 & 1 \end{bmatrix}^T$
4) $\hat{y}=\begin{bmatrix} a & c & d & e \end{bmatrix}\begin{bmatrix} x_1 & x_3 & x_4 & 1 \end{bmatrix}^T$
5) $\hat{y}=\begin{bmatrix} b & c & d & e \end{bmatrix}\begin{bmatrix} x_2 & x_3 & x_4 & 1 \end{bmatrix}^T$
6) $\hat{y}=\begin{bmatrix} a & b & e \end{bmatrix}\begin{bmatrix} x_1 & x_2 & 1 \end{bmatrix}^T$
7) $\hat{y}=\begin{bmatrix} a & c & e \end{bmatrix}\begin{bmatrix} x_1 & x_3 & 1 \end{bmatrix}^T$
8) $\hat{y}=\begin{bmatrix} a & d & e \end{bmatrix}\begin{bmatrix} x_1 & x_4 & 1 \end{bmatrix}^T$
9) $\hat{y}=\begin{bmatrix} b & c & e \end{bmatrix}\begin{bmatrix} x_2 & x_3 & 1 \end{bmatrix}^T$
10) $\hat{y}=\begin{bmatrix} b & d & e \end{bmatrix}\begin{bmatrix} x_2 & x_4 & 1 \end{bmatrix}^T$
11) $\hat{y}=\begin{bmatrix} c & d & e \end{bmatrix}\begin{bmatrix} x_3 & x_4 & 1 \end{bmatrix}^T$

对以上11个预测方程进行回归计算，结果见表3-14。表中R^2为拟合精度，是残差平方和均数。R^2越大，表明线性回归程度越高，拟合越精确。

各子集回归分析结果　　　　　　　　　　　表3-14

方程序号	a	b	c	d	e	R^2
1)	1.428	4.329	−0.003	11.428	29.449	0.413
2)	4.185	3.979	−0.003	—	35.941	0.336
3)	12.898	−4.158	—	12.762	6.127	0.179
4)	11.37	—	−0.002	11.058	19.227	0.382
5)	—	4.503	−0.003	11.479	31.284	0.413
6)	16.486	−4.917	—	—	12.403	0.082
7)	13.265	—	−0.003	—	26.328	0.310
8)	−0.692	—	—	14.154	14.293	0.121
9)	—	4.490	−0.003	—	41.452	0.335
10)	—	−2.996	—	13.324	22.208	0.164
11)	—	—	−0.002	11.458	34.982	0.367

根据表3-14，方程1)和5)的拟合精度最大且相同，相应的回归计算结果如图3-16所示，变量A、B、C、D分别为x_1、x_2、x_3、x_4。x_1的显著性水平较高，但共线性容差较高，故共线性容差不作为排除相关性较低自变量的依据。将x_1排除之后的方程精度不变，剩余各自变量显著性水平降低，且容差均增大，表明共线性程度均减弱，不存在明显的自变量间共线性问题。

模型		未标准化系数		标准化系数	t	显著性	B的95.0%置信区间		相关性			共线性统计	
		B	标准误差	Beta			下限	上限	零阶	偏	部分	容差	VIF
1	(常量)	29.449	17.148		1.717	.093	−5.112	64.09					
	A	1.428	12.339	.016	.116	.908	−23.440	26.295	.006	.017	.013	.670	1.493
	B	4.329	2.845	.229	1.552	.135	−1.404	10.062	−.239	.224	176	.345	2.902
	C	−.003	.001	−.720	−4.191	.000	−.005	−.002	−.537	−.534	−.484	.452	2.214
	D	11.428	4.749	.282	2.406	.020	−1.856	20.999	.348	.341	.278	.974	1.027

a.因变量：V

(a) 方程1)的回归计算结果表

图3-16 回归计算结果对比（一）

系数ᵃ

模型		未标准化系数 B	标准误差	标准化系数 Beta	t	显著性	B的95.0%置信区间 下限	上限	相关性 零阶	偏	部分	共线性统计 容差	VIF
1	(常量)	31.284	6.448		4.852	.000	18.296	44.271					
	B	4.503	2.387	.311	1.887	.066	−.303	9.310	−.239	.271	.215	.479	2.088
	C	−.003	.001	−.724	−4.372	.000	−.005	−.002	−.537	−.546	−.499	.475	2.105
	D	11.479	4.677	.283	2.455	.018	2.060	20.898	.348	.344	.280	.983	1.018

a.因变量: V

(b) 方程5) 的回归计算结果表

图 3-16 回归计算结果对比（二）

如图 3-17、图 3-18 所示，对原始数据去除离群值（根据 Cook 距离进行评判，图 3-18）后进行回归分析，随着显著性水平的增大，自变量对应变量的重要性降低，显著性水平最高的自变量被排除，且截距（常数项）的显著性始终为 0.000。

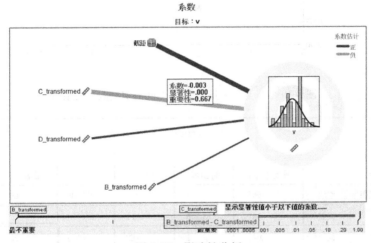

图 3-17 影响性分析

含有较大 Cook 距离值的记录在模型计算中的影响极大。此记录可能会歪曲模型准确度。

记录标识	V	Cook's 距离
13	18.00	0.308
49	21.00	0.202
20	23.00	0.156
42	26.00	0.119
8	14.00	0.099

图 3-18 离群值

如图 3-19 所示，随着自变量项数的增加，拟合精度在相同项子集内的平均值下降；但由于样本量较少，若以显著性水平为 0.10，则拟合精度和自变量项数之间不存在统计学差异（图 3-20）。

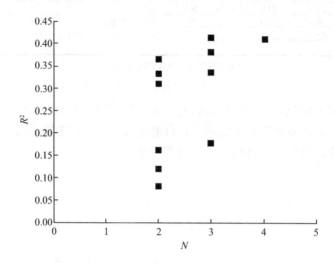

图 3-19　R^2 与自变量项数 N 之间的实例散点关系

主体间效应检验

因变量：R^2

源		Ⅲ类平方和	自由度	均方	F	显著性
截距	假设	.665	1	.665	35.906	.007
	误差	.061	3.276	.019a		
N	假设	.042	2	.021	1.565	.267
	误差	.107	8	.013b		

a. 685MS(N)+315MS(误差)
b. MS(误差)

图 3-20　R^2 与自变量项数 N 之间的相关性计算结果

为了消除自变量项数对拟合精度的影响，以修正判定系数 R^{*2}（式 3-56）对各子集对应方程的拟合精度进行重新评价，见表 3-15。可见 R^{*2} 均低于相应的 R^2，但对于原 R^2 相同的子集，自变量项数较少的子集对应方程的 R^{*2}（$N=3$，$R^{*2}=0.373867$）反而高于自变量项数较大的子集对应方程的 R^{*2}（$N=4$，$R^{*2}=0.359636$）。所以，对于 R^2 相同的方程，可以用 R^{*2} 来评价对应子集的拟合优度。

$$\begin{cases} R^{*2} = 1 - \dfrac{\left(\dfrac{S_e}{M-N-1}\right)}{\left(\dfrac{S_{yy}}{M-1}\right)} \\ R^2 = 1 - \dfrac{S_e}{S_{yy}} \end{cases} \quad (3\text{-}56)$$

本例中 R^{*2} 与 R^2 的对应关系　　　　　　　　　　表 3-15

N	R^2	R^{*2}
4	0.413	0.359636
3	0.336	0.291733
3	0.179	0.124267
3	0.382	0.3408
3	0.413	0.373867
2	0.082	0.042087
2	0.31	0.28
2	0.121	0.082783
2	0.335	0.306087
2	0.164	0.127652
2	0.367	0.339478

所以，根据 R^{*2} 的计算结果，可以认为本例中的最优子集为 $\{x_2, x_3, x_4\}$。

3.4.2 协变量扩充最优子集法

在 3.4.1 节中，算例给出的最优子集为 $\{x_2, x_3, x_4\}$。然而，即使对于来自直接观察的最优子集 $\{x_2, x_3, x_4\}$，其对应的线性预测方程的 R^{*2} 仍然较低（$R^{*2}=0.373867$），根据工程经验，满足施工参数预测的最低预测精度约为 $0.6\sim0.8$，相应的离差约为 $\pm15\%\sim\pm20\%$，所以需要对以 R^{*2} 作为判别的最优子集法进行协变量扩充。

协变量扩充的原理在于根据已有变量生成新变量，从而扩充回归方程自由度（自变量项数），从而提高方程对数据集的拟合精度。在掘进参数预测的过程中，通过进行自变量之间的非线性运算，如乘积、幂，可以在原子集的基础上产生新的线性无关自变量，从而增加方程自变量子集元素的个数和复杂程度，进而提高方程中变量的显著性差异和对应变量的影响性。

协变量扩充后的最优子集法，主要包含：对来自观察的自变量进行非线性运算，采用对运算法则和原变量的分层抽样的方法产生多元复合型变量，将所有变量分类组合成为子集，对各子集进行回归计算。

以协变量扩充为基础的最优子集法具有两个特点：
1) 所采用的运算法则由随机抽样产生；
2) 变量由来自观察的自变量进行随机抽样产生。

为提高计算速度，方便工程应用，本技术中的变量最多为二元复合变量。协变量扩充的具体步骤如下：

1) 通过笛卡尔乘积运算扩充自变量集

如果为了使多项式的运算结果无穷逼近"理论方程"，那么这个多项式中的项的次数和项的个数也许很多，也很复杂，可能会出现诸如 0.021 次方、10^8 等。然而，为了方便使用并且简化得到多项式的过程，我们可以通过笛卡尔乘积和取点试算相结合，通过：

① 取一些方便计算的自变量次数，如 0 次方、1 次方、2 次方、1/2 次方、3 次方、1/3 次方、……这样，既有增大的幂次，又有减小的幂次，能够较大程度覆盖自然数区间，而且方便计算和使用；

② 进行笛卡尔乘积，将这些单元变量（图中的行和列）进行笛卡尔计算，得到更加

复杂的、数量更多（相对于图中行和列里面的单元变量）的变量，进一步提高回归分析的精度，避免了"因为回归分析中各项的形式过于简单而导致拟合度较低"情况的发生；

③ 如图3-21所示，所谓"若干次幂"，就是将基本自变量 n^t、P^t、F^t 按照相同次数幂为同一组（t＝0，1，2，1/2，3，1/3，…），多组自进行组合排列成图中的行和列，然后交叉相乘；

行数恒等于列数，当行列数均为 w 时得到（$w×w$）个笛卡尔积元；

然后，整理（$w×w$）个笛卡尔积元，将其中重复的笛卡尔积元只保留一个，整理得到一组互不重复的笛卡尔积元，即变量集合内的元素。

行\列	n^0	F^0	P^0	v^0	T^0	n^1	F^1	P^1	v^1	T^1	n^2	F^2	P^2	v^2	T^2	$n^{\frac{1}{2}}$	$F^{\frac{1}{2}}$	$P^{\frac{1}{2}}$	$v^{\frac{1}{2}}$	$T^{\frac{1}{2}}$
n^0	1	1	1	1	1	n	F	P	v	T	n^2	F^2	P^2	v^2	T^2	$n^{\frac{1}{2}}$	$F^{\frac{1}{2}}$	$P^{\frac{1}{2}}$	$v^{\frac{1}{2}}$	$T^{\frac{1}{2}}$
F^0	1	1	1	1	1	n	F	P	v	T	n^2	F^2	P^2	v^2	T^2	$n^{\frac{1}{2}}$	$F^{\frac{1}{2}}$	$P^{\frac{1}{2}}$	$v^{\frac{1}{2}}$	$T^{\frac{1}{2}}$
P^0	1	1	1	1	1	n	F	P	v	T	n^2	F^2	P^2	v^2	T^2	$n^{\frac{1}{2}}$	$F^{\frac{1}{2}}$	$P^{\frac{1}{2}}$	$v^{\frac{1}{2}}$	$T^{\frac{1}{2}}$
v^0	1	1	1	1	1	n	F	P	v	T	n^2	F^2	P^2	v^2	T^2	$n^{\frac{1}{2}}$	$F^{\frac{1}{2}}$	$P^{\frac{1}{2}}$	$v^{\frac{1}{2}}$	$T^{\frac{1}{2}}$
T^0	1	1	1	1	1	n	F	P	v	T	n^2	F^2	P^2	v^2	T^2	$n^{\frac{1}{2}}$	$F^{\frac{1}{2}}$	$P^{\frac{1}{2}}$	$v^{\frac{1}{2}}$	$T^{\frac{1}{2}}$
n^1	n	n	n	n	n	n^2	Fn	Pn	vn	Tn	n^3	F^2n	P^2n	nv^2	nT^2	$n^{\frac{3}{2}}$	$nF^{\frac{1}{2}}$	$nP^{\frac{1}{2}}$	$nv^{\frac{1}{2}}$	$T^{\frac{1}{2}}n$
F^1	F	F	F	F	F	Fn	F^2	PF	vF	TF	n^2F	F^3	P^2F	Fv^2	FT^2	$Fn^{\frac{1}{2}}$	$F^{\frac{3}{2}}$	$FP^{\frac{1}{2}}$	$Fv^{\frac{1}{2}}$	$T^{\frac{1}{2}}F$
P^1	P	P	P	P	P	Pn	FP	P^2	vP	TP	n^2P	F^2P	P^3	Pv^2	PT^2	$Pn^{\frac{1}{2}}$	$PF^{\frac{1}{2}}$	$P^{\frac{3}{2}}$	$Pv^{\frac{1}{2}}$	$T^{\frac{1}{2}}P$
v^1	v	v	v	v	v	vn	Fv	Pv	v^2	Tv	n^2v	F^2v	vP^2	v^3	vT^2	$vn^{\frac{1}{2}}$	$vF^{\frac{1}{2}}$	$vP^{\frac{1}{2}}$	$v^{\frac{3}{2}}$	$T^{\frac{1}{2}}v$
T^1	T	T	T	T	T	Tn	FT	PT	vT	T^2	n^2T	F^2T	P^2T	Tv^2	T^3	$Tn^{\frac{1}{2}}$	$TF^{\frac{1}{2}}$	$TP^{\frac{1}{2}}$	$v^{\frac{1}{2}}T$	$T^{\frac{3}{2}}$
n^2																				
F^2																				
P^2											P^2n^2									
v^2																				
T^2																				
$n^{\frac{1}{2}}$																				
$F^{\frac{1}{2}}$						$nF^{\frac{1}{2}}$														
$P^{\frac{1}{2}}$																				
$v^{\frac{1}{2}}$																			$v^{\frac{1}{2}}P^{\frac{1}{2}}$		
$T^{\frac{1}{2}}$																				

图3-21 变量间二维笛卡尔乘积

若取步长为0.001（当然还可以取0.01或0.0001），那么指数 t 数学表达式为 $-10+0.001t$，$t=0$，1，2，3，…，20000 即对应指数 -10，-9.999，-9.998，…，9.998，9.999，10。也就是说指数 t 取值在 $[-10, 10]$ 之内，出于精度的考虑，如果步长取1，那么指数 t 会有21个值，如果步长取0.1那么指数有201个值，如果步长取0.01那么会有2001个值，如果步长取0.001那么会有20001个值。

根据实际精度的需要，如果精度要求不高，对于指数 t 取 -10，-9，-8，…，8，9，10。即取了21次幂。如果精度高，指数取值 -10，-9.999，-9.998，…，9.998，9.999，10。即取了20001次幂。当然为了追求高精度还可以取更多次幂。盾构掘进参数预测更加注重运算速度，计算结果要能够以最小的延迟呈现给施工人员，所以本工程中自变量幂的选取范围为 $[-5, 5]$，掘进参数的若干次幂，是根据实际精度需要取一定次数的幂。

2）对各子集进行回归分析

在变量集合中进行随机抽样形成变量子集。将各变量子集中的各自变量和常数项线性组合成方程，进行多元回归运算，以 $R^2>0.55$ 为输出下限，不断输出并存储符合精度要求的多元线性回归方程。

经过多重最优化计算方法比选，本技术采用穷举搜索最优子集。为了方便工程应用，取子集内元素个数上限为15。

3）精度修正及排序

按照式（3-56），对输出的各子集对应的回归方程的拟合精度进行修正，统计各方程的 R^{*2}，并按照 R^{*2} 对各方程进行排序。

3.5 掘进参数回归分析

本节中的图表、公式以及部分文字内容，已发表在文献（张志奇，李彤，韩爱民，苏明，黄新强. 复杂地层盾构掘进速率和刀盘扭矩预测模型及其地层适应性研究[J]. 隧道建设，2016，36（12）：1449-1455.）中。

盾构机掘进过程中，掘进速率是最能直观反映施工进度的指标，通过预测并试算下一环的掘进速率来及时调整掘进参数，实现环环控制进度，在施工全过程提高掘进速率，所以选择掘进速率作为应变量。

刀盘扭矩是主轴受力的最直接反映，而主轴是盾构的最核心驱动装置。扭矩太大，主轴荷载太大，容易损坏，一旦损坏极难修复或更换；扭矩太小，主轴荷载太小，设备没有发挥充分，施工效率太小。所以，将刀盘扭矩作为应变量。

3.5.1 推进速率预测模型

工程实践表明，掘进过程中掘进速率、刀盘扭矩与其他掘进参数相互影响[26]，掘进参数之间存在非线性经验关系。表 3-16 所示，8 组地质分段，均由上百乃至数百环构成。盾构机记录每环的掘进参数。对于某地质分段（某断面），回归分析的样本是构成地质分段的上百或数百环的掘进参数。以 JZ-c 地层为例，如图 3-22 所示，该地质分段包含右线 910~990 环及左线 950~1025 环，共 157 环。根据 157 环的 157 组掘进参数得到 157 组样本，进行回归分析，得到属于 JZ-c 地层的掘进速率回归模型系数（l_i，$i=1, 2, 3, \cdots, 8$）及刀盘扭矩回归模型系数（k_j，$j=1, 2, 3, \cdots, 7$）。8 组地质分段（8 种断面）的掘进速率、刀盘扭矩回归模型均如此得出，样本量均达上百乃至数百，相对两种模型的自变量个数而言，样本数量满足回归分析要求。

盾构穿越地层掌子面地层分布的分段统计　　　　表 3-16

断面编号	掌子面各地层面积占比					BQ_E	BQ_E升序排名
	③-4、④	J31-2	J31-3r	J31-3p	J31-3		
JZ-a	—	—	—	—	1	317.85	6
JZ-b	—	—	—	1	—	437.55	8
JZ-c	—	1	—	—	—	137.5	3
RY-a	—	0.59	—	—	0.41	260.5205	4

续表

断面编号	掌子面各地层面积占比					BQ_E	BQ_E升序排名
	③-4、④	J31-2	J31-3r	J31-3p	J31-3		
RY-b	—	—	—	0.55	0.45	371.715	7
RY-d	0.34	0.43	0.11	0.12	—	128.4124	2
RY-f	—	0.3	—	0.7	—	263.745	5
RY-g	0.3	0.7	—	—	—	96.25	1

注：表中JZ表示均质地层，RY表示上软下硬复合地层。

掘进速率与多个自变量的高阶多项式函数关系的计算方法如下：

① 针对某组地质分段，将基本自变量（掘进参数一次幂F、P、n）及其若干次幂作为元素集进行元素集间笛卡尔乘积运算，得到单项变量及二元复合变量集合，作为多元回归分析的自变量集。

② 利用SPSS统计计算软件，对自变量集中的各自变量进行多元逐步线性回归运算，得到包含多个自变量的高阶多项式函数以逼近掘进速率与基本自变量（F、P、n）间的非线性关系。

③ 对8组地质分段分别独立地重复以上步骤，得到分别独立属于8组地质分段的掘进速率与多个自变量的高阶多项式函数关系。它们之间在自变量组成上存在差异。

④ 根据工程经验，在回归分析中，当样本足够大时，拟合精度较高的若干种方程中如果频繁出现了一些自变量，那么这些自变量往往对自变量和应变量间真实物理关系的影响性较大。对自变量和应变量间真实物理关系的理论方程进行级数展开或傅里叶分析时将高阶方程离散化为低阶等效方程，这些自变量出现在低阶的等效方程中的概率也较大。所以，单纯按照拟合精度确定经验方程，会因忽视自变量出现频率的高低导致削弱回归分析最终结果实用性。

所以，按照共性提升原则，将8组地质分段的掘进速率与多个自变量的高阶多项式函数关系中相同的自变量抽出来，将它们线性组合形成复杂地层掘进速率预测模型，即式（3-57）及式（3-58），作为预测不同地层掘进速率的通式。

⑤ 分别独立属于8组地质分段的掘进速率与多个自变量的高阶多项式函数关系间在自变量组成、系数上的差异，体现了各地层的特殊性；可用作预测盾构掘进各具体类型的工程岩体时的掘进速率。而式（3-57）是通式，在各地层中均具有一定的拟合精度，对均质地层、复合地层同时适用，体现了各组地质分段的共性，即式（3-57）具有一定程度的普适性。

$$v_f = l_1 n + l_2 F + l_3 P + l_4 P^3 + l_5 F^{1/3} + l_6 FP + l_7 n^{1/2} F + l_8 \qquad (3-57)$$

$$F = F_t - F_h \qquad (3-58)$$

式中，v_f为掘进速率拟合值，单位为mm/min；n为刀盘转速，单位为rpm；F_t为总推力，单位为kN；F_h为铰接阻力，单位为kN；P为土仓压力，单位为bar；如式（3-58），F为总推力与铰接阻力之差，即刀盘与掌子面间掘进方向作用力，单位为kN；l_i（$i=1, 2, 3, \cdots, 8$）为掘进速率回归模型系数。8组地质分段掘进速率回归模型系数见表3-17。均质地层与复合地层的掘进速率多元回归拟合值与实测值对比如图3-22及图3-23所示（分别以JZ-c地层、RY-a地层为例）。

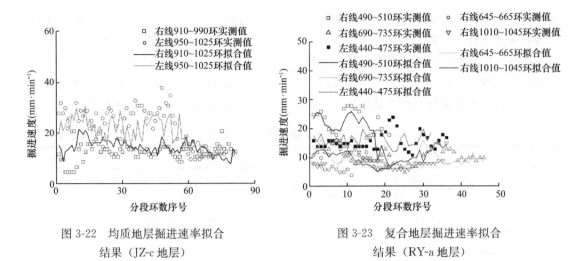

图 3-22 均质地层掘进速率拟合结果（JZ-c 地层）

图 3-23 复合地层掘进速率拟合结果（RY-a 地层）

如图 3-24 所示，8 组地质分段的掘进速率回归模型中，RY-a 中 P^3、RY-b 中 P^3 及 $F^{1/3}$、JZ-c 中 PF 的显著性大于 0.05，JZ-c 中 F 的显著性大于 0.1。而各地质分段的掘进速率回归模型均拥有 8 个自变量，在 8 组地质分段范畴内，自变量对 0.05 显著性水平（sig.v）的合格率为 92.18%，对 0.1 显著性水平的合格率为 98.44%，该回归模型在均质地层与复合地层掘进速率预测中均具有统计意义。

$$\delta_v = \frac{|v_f - v|}{v} \times 100\% \tag{3-59}$$

根据式（3-59）计算掘进速率回归预测的相对误差 δ_v，v_f 为掘进速率拟合值，v 为掘进速率实测值。为 8 组地质分段的回归预测平均相对误差均小于 37.0%，其中 7 组平均相对误差介于 10%~20% 之间，表明掘进速率回归模型在复杂多变的地质条件下具有较好的预测精度。

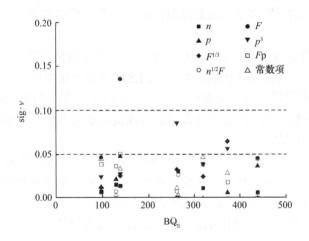

图 3-24 各分段掘进速率回归模型各自变量显著性

掘进速率与刀盘转速、推力成正比，与广州地区花岗岩残积土-全风化花岗岩复合地层掘进经验相似，见表 3-17。土仓压力与掘进速率的相关性呈现明显的分段特征，土仓压力与掘进速率由正相关转向负相关的掌子面临界 BQ_E 值域为（317.85，371.715），即在强度较低、完整性较差的地层中，增大土仓压力有利于保持掌子面稳定，同时注入的泡沫剂改善渣土流动性，有利于防止螺旋输送机出渣喷涌，可以有效提高掘进速率。在强度较高、完整性较高的地层中，盾构所受阻力较大，掘进速率较低，应当降低土仓压力，提高有效推力。渣土颗粒体积较大、重量较高，须加大泡沫剂用量以降低渣土颗粒输送时对刀盘、刀具的二次磨损并延长螺旋输送机使用寿命，即土仓压力及其幂与掘进速率负相关。

各分段盾构掘进速率回归模型系数　　　　表 3-17

断面编号	l_1	l_2	l_3	l_4	l_5	l_6	l_7	l_8	相关系数
JZ-a	28.220	0.020	57.802	−78.274	−2.028	−0.004	−0.015	0.191	0.733
JZ-b	0.162	0.001	−19.339	−8.436	−2.3	0.003	−0.001	54.996	0.823
JZ-c	41.907	0.012	9.656	−0.497	−1.242	5.87E-5	−0.012	−9.198	0.692
RY-a	33.890	0.011	26.837	−3.556	−4.913	−0.002	−0.007	34.365	0.931
RY-b	21.647	0.010	−18.745	−3.415	−0.633	0.003	−0.009	−0.034	0.576
RY-d	46.633	0.026	5.324	0.943	−14.170	−0.001	0.002	78.567	0.721
RY-f	12.925	0.009	37.313	−5.207	−7.882	−0.003	−0.002	99.017	0.810
RY-g	11.319	0.019	20.456	1.660	−20.878	−0.003	−0.002	283.302	0.536

3.5.2　刀盘扭矩预测模型

刀盘扭矩与多个自变量的高阶多项式函数关系计算方法如下：

① 针对某组地质分段，将基本自变量（掘进参数一次幂 F、P、n）及其若干次幂作为元素集进行元素集间笛卡尔乘积运算，得到单项变量及二元复合变量集合，作为多元回归分析的自变量集。

② 利用 SPSS 统计计算软件，对自变量集中的各自变量进行多元逐步线性回归运算，得到包含多个自变量的高阶多项式函数以逼近掘进速率与基本自变量（F、P、n）间的非线性关系。

③ 对 8 组地质分段分别独立地重复以上步骤，得到分别独立属于 8 组地质分段的刀盘扭矩与多个自变量的高阶多项式函数关系。它们之间在自变量组成上存在差异。

④ 按照共性提升原则，将 8 组地质分段的刀盘扭矩与多个自变量的高阶多项式函数关系中相同的自变量抽出来，将它们线性组合形成复杂地层刀盘扭矩预测模型，作为预测不同地层刀盘扭矩的通式。

⑤ 分别独立属于 8 组地质分段的刀盘扭矩与多个自变量的高阶多项式函数关系间在自变量组成、系数上的差异，体现了各地层的特殊性；可用作预测盾构掘进各具体类型的工程岩体时的刀盘扭矩。而式（3-60）是通式，在各地层中式（3-60）均具有一定的拟合精度，对均质地层、复合地层同时适用，体现了各组地质分段的共性，即式（3-60）具有一定程度的普适性。

$$T_f = k_1 n + k_2 F + k_3 P + k_4 P^3 + k_5 n^2 P^{1/3} + k_6 F^{1/2} + k_7 \qquad (3-60)$$

式（3-60）中，T_f 为刀盘扭矩拟合值，k_j（$j=1, 2, 3, \cdots, 7$）为刀盘扭矩回归模型系数。8 组地质分段刀盘扭矩回归模型系数见表 3-18。均质地层与复合地层的掘进速率多元回归拟合值与实测值对比如图 3-25 及图 3-26 所示（分别以 JZ-c 地层、RY-a 地层为例)。

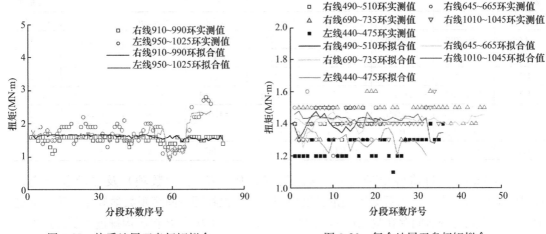

图 3-25 均质地层刀盘扭矩拟合结果（JZ-c 地层）

图 3-26 复合地层刀盘扭矩拟合结果（RY-a 地层）

如图 3-27 所示，8 组地质分段的刀盘扭矩回归模型中，RY-g 中 $n^2P^{1/3}$、JZ-a 中 $F^{1/2}$、RY-d 中常数项、JZ-b 中 n 的显著性大于 0.05，RY-d 中 P 的显著性大于 0.1。而各地质分段的刀盘扭矩回归模型均拥有 7 个自变量，在 8 组地质分段范畴内，自变量对 0.05 显著性水平（sig.$_T$）的合格率为 91.07%，对 0.1 显著性水平的合格率为 96.43%，该回归模型在均质地层与复合地层刀盘扭矩预测中均具有统计意义。

$$\delta_T = \frac{|T_f - T|}{T} \times 100\% \tag{3-61}$$

根据式（3-61）计算刀盘扭矩回归预测的相对误差 δ_T，T_f 为刀盘扭矩拟合值，T 为刀盘扭矩实测值。8 组地质分段的回归预测平均相对误差均小于 25.0%，其中 7 组平均相对误差介于 0~20% 之间，表明掘进速率回归模型对均质地层及上软下硬地层均具有较好的预测精度。

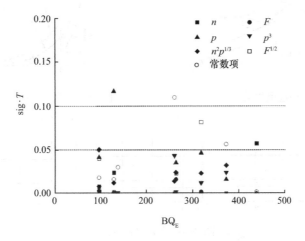

图 3-27 各分段刀盘扭矩回归模型各自变量显著性

各分段盾构刀盘扭矩回归模型系数　　　　　　　　　表 3-18

断面编号	k_1	k_2	k_3	k_4	k_5	k_6	k_7	相关系数
JZ-a	−2.077	0.001	1.696	−12.081	0.330	−0.096	7.427	0.774
JZ-b	−0.298	−7.00E-05	1.231	−0.948	−0.246	0.027	0.296	0.618
JZ-c	−2.454	−0.001	−0.672	0.039	0.809	0.137	−1.779	0.733
RY-a	−0.270	0.002	−0.205	0.220	0.078	0.069	−1.266	0.673
RY-b	−0.535	−7.00E-05	1.070	−0.961	−0.101	0.036	−0.168	0.755
RY-d	2.541	−0.001	−0.347	0.108	−1.077	0.169	−7.059	0.531
RY-f	−0.702	0	0.123	−0.241	0.130	−0.028	3.332	0.679
RY-g	−9.828	−0.001	−2.666	0.087	3.365	0.165	1.913	0.694

式（3-60）通过将各单项变量（n、F、P、P^3、$F^{1/2}$、常数项）及二项复合变量（$n^2 P^{1/3}$）线性组合，以逼近某段掘进长度内扭矩与其他物理量间客观数学规律。盾构掘进时刀盘、盾壳与围岩间存在复杂的非线性相互作用，电机功率 P 在盾构掘进中随掘进参数及地质条件的变化而非线性变化，电机的工作状态在"过载-额定-欠载"间波动。

"当功率一定时，扭矩与转速的关系 $T=9550P/n$"是物理公式，如图 3-28 所示，绿色线条是各时刻 P 为瞬时定量时的 T-n 关系，遵从 $T=9550P/n$。如图 3-29 所示，不同时刻的 P 存在差异，P 差异取值时的 T-n 关系；而本文所分析的是图 3-30 中红线（P 为过程变量时的 T-n 关系）的数学经验公式，即式（3-60）。

所以，式（3-60）与"当功率一定时，扭矩与转速的关系 $T=9550P/n$"并不矛盾。

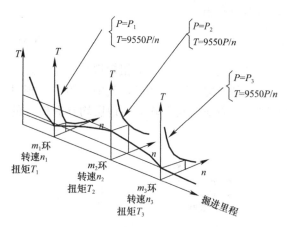

图 3-28 T-掘进里程关系示意

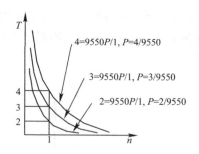

图 3-29 $T=9550P/n$ 方程在 P 为变量时在 T-n 面上的投影叠加示例

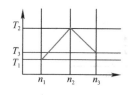 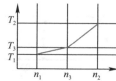 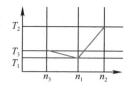

图 3-30 T-n 关系示意

如图 3-28～图 3-30 所示，由于 T、P 及 n 均为过程变量，在一定掘进里程内，T-n 关系是多样的。当盾构掘进速率较大时，刀盘驱动电机工作状态处于额定负载及以上，此时提高刀盘转速，强行驱动滚刀破岩，提高了滚刀的线速度，破岩耗能增大，根据牛顿第二运动定律及能量守恒定律，刀盘所受切向力增大，电机耗能加剧，驱动轴所受扭矩增大，电机处于过载运行状态，此时"转速越大，扭矩越大"。

施工时遇到扭矩持续较大这种情况，往往采取降低刀盘转速、降低掘进速度等应对措施。"断面编号'RY-d'的k_1为2.541，即$T=2.541n+\cdots$"是根据实测数据回归计算得来的经验公式，反映了在该地层内T与各变量间的数学关系，其中的$T\text{-}n$关系符合实际情况。

盾构掘进过程中，扭矩控制是保证液压、电机设备正常工作不超负荷、降低滚刀非正常磨损及避免轴承、刀座发生损坏的关键，主要通过增减推力、刀盘转速实现。为保证持续、安全掘进，通常设置扭矩警戒值作为施工控制指标。当扭矩增大时，应降低刀盘转速或降低推力。回归分析以既有掘进参数为基础，由表3-18可知，8组地质分段扭矩回归模型的k_1与k_2、k_6均互为正负异号或同为负值，是基于扭矩警戒值的人工干预在回归分析中的体现。反之，掘进过程中若出现k_1与k_2、k_6均为正值的情况，说明在该段掘进中盾构操作人员未能在刀盘扭矩增大时通过降低刀盘转速、降低推力以控制刀盘扭矩增大的趋势，可能导致刀盘、刀具、液压、机电设备的异常损耗或失效。刀盘扭矩回归模型在反映掘进过程中各盾构状态参数间相互关系的同时，还能够作为判断盾构操作人工干预力度、设备运转及损耗状况的有效手段。

3.5.3 回归预测模型地层适应性分析

掌子面地层组成不同时，刀具、刀盘在掘进中与地层的相互作用力存在差异，导致掘进速率、刀盘扭矩的回归方程系数存在差异。利用式（3-62）及式（3-63）分别计算不同地质分段掘进速率、刀盘扭矩回归方程系数的离均差率（Mean deviation rate，MDR）MDR_v、MDR_T。式中，$l_i(i=1,2,3,\cdots,8)$为掘进速率回归模型系数；$k_j(j=1, 2, 3,\cdots,7)$为刀盘扭矩回归模型系数；$\overline{l_i}$为8组地质分段中l_i的平均值；$\overline{k_j}$为8组地质分段中k_j的平均值。计算结果如图3-31及图3-32所示。

$$\text{MDR}_v = \frac{l_i - \overline{l_i}}{\overline{l_i}}, \quad i=1,2,3,\cdots,8 \tag{3-62}$$

$$\text{MDR}_T = \frac{k_j - \overline{k_j}}{\overline{k_j}}, \quad j=1,2,3,\cdots,7 \tag{3-63}$$

根据图3-31及图3-32，当掌子面BQ_E增大时，掘进速率、刀盘扭矩回归模型系数l_i、k_j的变化趋势存在明显的分段特征。掌子面BQ_E在（100，150）内时（如JZ-c、RY-d、RY-g地层），l_i对其平均值的偏离程度均逐渐减小，MDR_v逐渐收敛于（-1，1）内；除k_7外，k_i对其平均值的偏离程度均逐渐减小，且k_1、k_2、k_4、k_5、k_6的MDR_T逐渐收敛于（-3，1）内，掘进速率与刀盘扭矩预测模型在地层间的差异逐渐减小。土压平衡式盾构在这类土—岩复合地层中掘进时，掘进参数间的相关性在地层间的差异随BQ_E的增大而降低，超前地质预报与施工勘察的频率、密度逐渐降低，盾构掘进参数的人工干预逐渐减少。

掌子面BQ_E在（150，250）内，MDR_v、MDR_T主要在（-1，1）、（-3，1）内波动，掘进速率、刀盘扭矩回归模型各系数均变化较小，地层变化对各掘进参数间关系的影响较小。盾构在该类复合地层中掘进时，随着掌子面中岩层占比的提高，掘进速率、刀盘扭矩的预测方程在地层间的差异始终处于较低水平，对超前地质预报与施工勘察的要求较低，当掌子面BQ_E变化时，预测方程的系数变化较小，盾构控制人员对掘进参数的调整及控制幅度较小。

掌子面BQ_E在（250，350）内（如JZ-a、RY-a、RY-f地层），l_i、k_i对其平均值的偏离程度均先增大后减小，除l_3、l_6、k_3外，其他系数的MDR_V、MDR_T分别最终收敛于（-1，1）、（-2，0）内，回归模型各系数均变化剧烈，地层变化对各掘进参数间关系的影响较为显著。盾构在该类地层中掘进时，掘进速率、刀盘扭矩预测方程在不同地层间的差异较大，施工中应加强超前地质预报与施工勘察的频率及密度，准确掌握前方掌子面的BQ_E，并根据图3-31及图3-32，选取适当的方程系数，实现对掘进速率、刀盘扭矩的准确预测，及时调整掘进参数，在保证掘进速率的同时降低机件损耗。

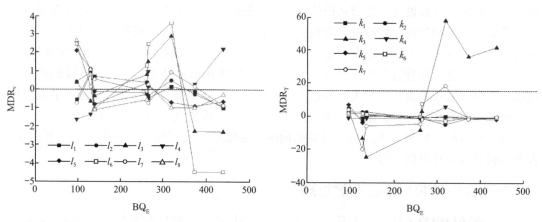

图3-31　掘进速率回归方程系数的离均差率　　图3-32　刀盘扭矩回归方程系数的离均差率

掌子面BQ_E大于350时（如JZ-b、RY-b地层），各系数趋于定值或有限波动，表明在掘进地层强度、完整性较高时，岩体质量的提高对回归模型系数的影响较小，受刀具材料性能及液压、机电设备负载极限所约束，掘进速率、刀盘扭矩均达到或接近极限值，此时应限制其他控制参数波动以减少盾构所受冲击荷载。盾构操作人员应加强对掘进参数的动态监视，及时控制掘进参数的波动，通过调整推力、刀盘转速与土仓压力，在控制刀盘扭矩的同时合理提高掘进速率，保障盾构高效、稳定掘进。

3.6　应用等效岩体基本质量指标预测掘进参数的定量方法

3.6.1　实施步骤

（1）步骤一

根据地勘报告，将隧道穿越地层组成相同且地质纵断面中地层分界线与隧道轴线近似平行的部分归为同一地质分段。定义该地质分段的等效岩体基本质量指标BQ_E，如式（3-64）所示。

$$BQ_E = \sum_{m=1}^{M} BQ_m S_m / S_0 \tag{3-64}$$

式中S_0为掌子面全断面面积，BQ_m、S_m分别为掌子面内某地层的岩体基本质量指标、断面面积。M为组成掌子面的均质地层的种类数量。

(2) 步骤二

根据盾构掘进某一种地质分段时的掘进参数实测值（F、P、n、T、v），分别将各地质分段基本自变量（掘进参数 n、P、F 的一次幂）及 n、P、F 的若干次幂作为元素集，进行元素集间笛卡尔乘积运算，得到属于某地质分段的单项变量及二元复合变量集合，作为多元回归分析的自变量集。

进行协变量扩充最优子集法多元回归运算，将 n、P、F 的若干次幂进行笛卡尔求积计算，交叉相乘，对不同自变量组合而成的预测模型进行计算和验证，剔除显著性较差的自变量，得到分别独立属于各种地质分段的既有预测精度、又满足自变量的显著性要求的掘进速率预测模型和刀盘扭矩预测模型。

对各种地质分段重复步骤二中的计算过程，得到属于各种地质分段的掘进速率及刀盘扭矩预测模型。

(3) 步骤三

按照共性提升原则，将分别属于各地质分段的掘进速率预测模型中相同的自变量抽出来，将它们线性组合形成预测不同地层掘进速率的通式，作为复杂地层掘进速率预测模型，如式（3-65）。

$$v_\mathrm{f} = l_1 n + l_2 F + l_3 P + l_4 P^3 + l_5 F^{1/3} + l_6 FP + l_7 n^{1/2} F + l_8 \tag{3-65}$$

式中，v_f 为掘进速率拟合值；n 为刀盘转速；F 为有效推力，即刀盘与掌子面间掘进方向作用力；P 为土仓压力；$l_i (i = 1, 2, 3, \cdots, 8)$ 为掘进速率预测模型系数。

按照共性提升原则，将分别属于各地质分段的刀盘扭矩预测模型中相同的自变量抽出来，将它们线性组合形成预测不同地层掘进速率的通式，作为复杂地层掘进速率模型，如式（3-66）

$$T_\mathrm{f} = k_1 n + k_2 F + k_3 P + k_4 P^3 + k_5 n^2 P^{1/3} + k_6 F^{1/2} + k_7 \tag{3-66}$$

式中，T_f 为刀盘扭矩拟合值；n 为刀盘转速；P 为土仓压力；F 为有效推力，即刀盘与掌子面间掘进方向作用力；$k_j (j = 1, 2, 3, \cdots, 7)$ 为刀盘扭矩预测模型系数。

(4) 步骤四

利用式（3-67）及式（3-68）分别计算不同地质分段掘进速率、刀盘扭矩回归方程系数的离均差率（Mean deviation rate, MDR）MDR_v、MDR_T。式中，$l_i (i = 1, 2, 3, \cdots, 8)$ 为掘进速率预测模型系数；$k_j (j = 1, 2, 3, \cdots, 7)$ 为刀盘扭矩预测模型系数；$\overline{l_i}$ 为所有地质分段中 l_i 的平均值，$\overline{k_j}$ 为所有地质分段中 k_j 的平均值。计算结果如图 3-33 及图 3-34 所示。

$$\mathrm{MDR}_l = \frac{l_i - \overline{l_i}}{\overline{l_i}}, i = 1, 2, 3, \cdots, 8 \tag{3-67}$$

$$\mathrm{MDR}_k = \frac{k_j - \overline{k_j}}{\overline{k_j}}, j = 1, 2, 3, \cdots, 7 \tag{3-68}$$

(5) 步骤五

确定不同地质分段掘进速率预测模型诸系数的离均差率与地层 BQ_E 值的关系、不同地质分段刀盘扭矩预测模型诸系数的离均差率与地层 BQ_E 值的关系后，如图 3-35 及图 3-36 所示，在该地质分段等效岩体基本质量指标 BQ_E 值在横坐标上对应的点处作一条垂线，根据垂线与关系曲线的交点，得到属于该地质分段的预测模型诸系数的离均差率。根据式（3-67）、式（3-68），确定属于该地质分段的预测模型诸系数的具体值，从而确定属于该地质分段的预测模型。

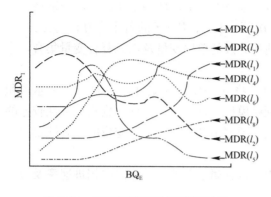

图 3-33 掘进速率预测模型诸系数的
离均差率与地层 BQ_E 值的关系示意

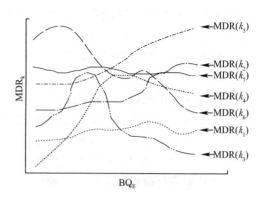

图 3-34 刀盘扭矩预测模型诸系数的
离均差率与地层 BQ_E 值的关系示意

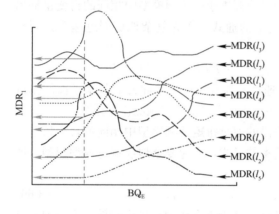

图 3-35 确定任意地质分段掘进速率
预测模型诸系数的具体值的方法示意

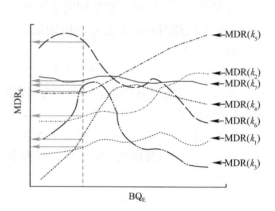

图 3-36 确定任意地质分段刀盘扭矩
预测模型诸系数的具体值的方法示意

（6）步骤六

如图 3-37 所示，提出一组 n、P、F 试算值，代入到属于某一地质分段的掘进速率预测模型和刀盘扭矩预测模型中。如果属于这一地质分段的、这一组 n、P、F 所对应的掘进速率预测值 v_f 和刀盘扭矩预测值 T_f 不满足施工要求，则重新选取 n、P、F，直到满足为止，得到满足要求的 n、P、F 参考值。

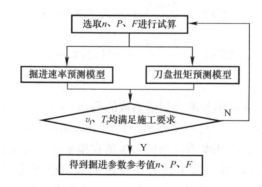

图 3-37 应用等效岩体基本质量指标预测掘进参数的定量方法的流程图

当实测掘进参数与预测参数之间差异较大、渣土分析表明地层突变或勘察揭示程度不足时,可采用(附录 B)中的简易动态修正方法,根据现场情况调整预测模型的系数,从而动态调整参数预测结果。

3.6.2 应用价值

实际应用中,$\overline{l_i}$ 和 $\overline{k_i}$ 具有多解性,即当根据 BQ_E 确定 MDR 后,由于自然界地层条件多样、地质分段情况随掘进里程的增长而变化,$\overline{l_i}$ 和 $\overline{k_i}$ 的值随着样本量的增加而不断迭代变化。既有掘进参数样本量越大,根据样本量回归分析得到的预测模型越接近真实情况,适用性更强。

如图 3-38 所示,如果掘进 n 环,我们根据勘察报告(由于勘察钻孔间距几十乃至上百米,勘察报告只能揭示部分地层)和掌子面实地观察取样,发现了地层 1,此时我们可以得到一个 BQ_E,这是根据 n 环内的地层 1 得到的。而在掘进第 $n+1$ 环时,如果发现了一种新的岩层(地层 2),此时计算 BQ_E 就是根据 $n+1$ 环内的 2 种地层进行计算,即 BQ_E 是随掘进过程存在变化的。如果在接下来的掘进中发现新的地层,那么 BQ_E 还会变化。

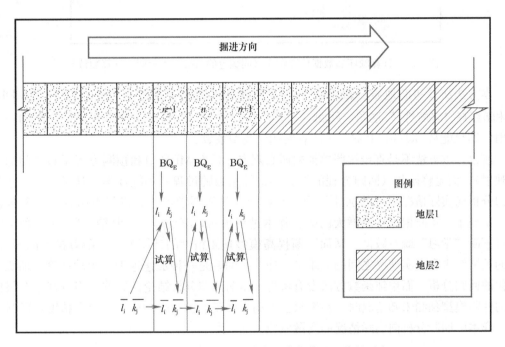

图 3-38　BQ_E 随掘进过程变化和参与算法迭代的示意

所以,在"计算掌子面 BQ_E 查图得到 MDR_V 值,再根据 MDR_V 公式和具有多解性的 $\overline{l_i}$ 和 $\overline{k_i}$ 来不断滚动计算方程系数"的这一整套算法中,BQ_E 是迭代中的一环,不能将它割裂地看待。

如图 3-39,当盾构在不断掘进新环的时候,就会在每一环中不断应用本技术的算法进行计算,根据之前环数据计算得到的 $\overline{l_i}$ 和 $\overline{k_i}$,也会因为最新环实测数据的代入计算,而在该"最新环"的下一环的预测中发生变化。

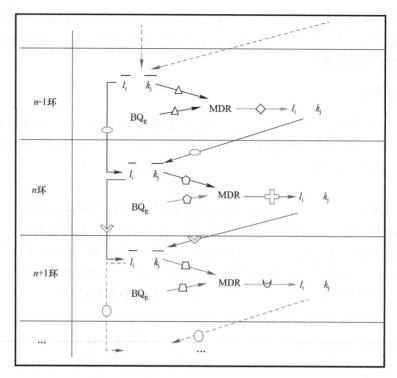

图 3-39　计算顺序和数据传递顺序（同颜色的箭头，表示同一计算顺位）

本方法从最初的地质分段 BQ_E 出发，到计算得到模型系数 l_i 之间，还隔了 MDR、"$\overline{l_i}$ 和 $\overline{k_i}$ 存在'多解性'"这两个问题，不是直接建立 MDR_V 值和预测方程系数之间的一一映射，即只能从 BQ_E 到 MDR，无法直接达到模型系数。

所以，本方法不是直接按照单纯的函数观点（建立 MDR 值和预测方程系数之间的一一映射），而是将函数（回归方程的形式和推算系数的过程）和统计学（基于进化样本的回归分析向实际情况逼近的加速效应）相结合，将机器学习的关键优点引入掘进参数预测，实现了"不断根据逐渐增大的既有样本进行预测，滚动提高预测精度"，是一种可以通过不断"学习"既有数据、从而不断提高模型预测精度的计算方法。随着样本的增大，它的预测结果和真实情况之间的差距是加速缩小的，是一种加速逼近、滚动计算—训练—优化的回归分析。而单纯函数方法没有考虑样本对回归分析结论的影响，当以基于有限样本的回归模型预测未知情况时，精度只会不高于回归模型对既有样本的拟合精度，即基于停滞样本的回归分析向实际情况的离散效应。

3.7　本章小结

（1）等效岩体基本质量指标反映了掌子面内各地层面积占比差异，能够量化复合地层围岩物理、力学性质差异，可作为复杂地质条件下的地质分段与掘进参数预测基础。

（2）掘进速率与刀盘扭矩回归预测模型的自变量对 0.05 显著性水平的合格率均高于 90%，回归模型对不同地层具有较高的普适性。预测值与实测值间的相对误差多集中在 0～20% 内，回归模型对均质地层及复合地层均有较好的拟合精度。

(3) 掘进速率与刀盘转速、推力成正比。掘进速率与土仓压力的相关性呈现明显的分段特征，相应的掌子面临界 BQ_E 值域为 (317.85，371.715)，掌子面 BQ_E 位于临界值域两侧地层的土仓压力控制措施相反。

(4) 以 BQ_E 值 150、250 为临界值，掘进速率、刀盘扭矩回归模型系数对其平均值的偏离程度分段变化，地层变化对各掘进参数间关系的影响先减小后增大；掌子面 BQ_E 高于 350 时，回归模型系数变化趋于稳定，地层变化对各掘进参数间关系的影响较小。

第 4 章 复合地层渣土改良量化施工方法研究

土压平衡盾构推进时,其前端刀盘旋转切削地层,切削下的围岩进入土舱。为了维持掌子面稳定,并保证渣土的持续运出,需要进行渣土改良。

(1) 渣土改良的作用:
1) 平衡作用:平衡掌子面的土压力;
2) 赋予流动性:防止喷涌,方便螺线输送机把渣土外运;
3) 润滑作用:泡沫包裹颗粒表面,降低渣土颗粒与机械设备间的摩擦。

(2) 根据全线地质分段结果,本工程盾构区间穿越地层可以归纳为两类:
1) 全风化、强风化复合地层:渣土颗粒细小,地下水发育;
2) 中等风化复合地层:渣土颗粒大,且地下水较少,颗粒与机械间磨损剧烈。

所以,为选择适当的土体改良材料使得开挖土体达到"塑性流动状态",施工过程中有效改善渣土流动性、降低喷涌量并减少刀具磨损,有必要开展复合地层渣土改良量化施工方法研究。

本章中的部分图表、公式和文字内容,已发表在文献(郭浩阳,彭国峰,韩爱民,李彤,陈冬,程荷兰,陈冲,景凤. 复合地层中不同盾构掘进参数下渣土的颗粒特征研究[J]. 隧道建设(中英文),2019,39(11):1848-1855.)中。

4.1 全风化、强风化复合地层渣土物理性质

4.1.1 渣土取样正交试验

为了分析在相对均质的地层中不同掘进参数下渣土颗粒的物理性质,在盾构机掘进过程中,通过调整推力、刀盘转速等参数,待施工参数稳定后,在输送皮带末端随机取样并做好密封措施。为了保证盾构掘进正常,盾构机各掘进参数需要控制在一定范围之内。由于掘进参数动态变化特性,因此改变的掘进参数会在拟定的掘进参数附近浮动。取样参数见表 4-1。

4.1.2 渣土物理性质

(1) 密度

将渣样通过渣土车运送至始发井,并及时存放于工地试验室。取一个定容量的标定罐(2L 左右),使用前标定其体积为 $V(\text{mL})$ 和质量 $m_0(\text{g})$,将每个编号渣样依次倒入罐中,并用捣棒插捣。填满后用刮刀将渣样表面抹平与罐壁齐高,称取罐与渣土质量 $m(\text{g})$。渣土密度如式(4-1)所示。

$$\rho = \frac{m - m_0}{V} \tag{4-1}$$

所测各编号渣土密度见表4-2。
(2) 含水率

称量各渣样的湿质量 m_1(g)，然后将渣样平铺于防水板上，自然风干。自然风干1d后，将渣样放入烘箱（烘箱温度 105℃）连续烘 10h。10h 后取出渣样，称量渣样干质量 m_2(g)，则渣土的含水率如式(4-2)所示。

$$\omega = \frac{m_1 - m_2}{m_2} \times 100 \tag{4-2}$$

根据此法测得各编号渣样含水率如表4-2所示。

取样参数表　　　　　　　　　　　　　　　　　　　　　表4-1

试样编号	有效推力（kN）	刀盘转速（rpm）
1	9500	1.5
2	9500	1.6
3	10000	1.4
4	10000	1.5
5	10000	1.6
6	12000	1.2
7	12000	1.3
8	12000	1.5
9	12000	1.6

各渣样密度与含水率表　　　　　　　　　　　　　　　　表4-2

编号	密度/g（cm³）	含水率（%）
1	1.71	27.4
2	1.78	23.5
3	1.66	24.4
4	1.88	25.2
5	1.75	23.7
6	1.82	23.6
7	1.80	22.7
8	1.86	24.3
9	1.82	22.6

经计算，各组渣样密度平均值为 1.79g/cm³。由于盾构掘进过程中，注水管向土仓内注水，因此所测含水率偏高，实际渣土的含水率接近地层含水率。

(3) 颗粒的级配特征

取测含水率所用全部渣样，质量为 m_2。用搪瓷盘作筛分容器，按筛孔大小排列顺序逐个将渣样过筛，筛孔孔径依次为 37.5mm、26.5mm、19mm、16mm、9.5mm、4.75mm、2.36mm、1.18mm、0.6mm、0.3mm、0.15mm、0.075mm。人工筛分时，需使渣样在筛面上同时有水平方向及上下方向的不停顿的运动，使小于筛孔的渣样通过筛孔，直至1min内通过筛孔的质量小于筛上残余量的0.1%为止；当采用摇筛机筛分时，应在摇筛机筛分后再逐个由人工补筛。将筛出通过的颗粒并入下一号筛，和下一号筛中的

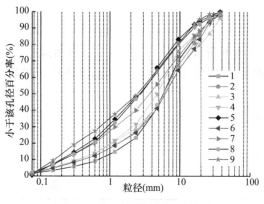

图 4-1 渣土的颗粒级配曲线图

试样一起过筛,顺序进行,直至各号筛全部筛完为止。应确认 1min 内通过筛孔的质量确实小于筛上残余量的 0.1%。称取每个筛上的筛余量,准确至总质量的 0.1%。各筛分计筛余量及筛底存量的总和与筛分前试样的总质量 m_2 相比,相差不得超过 m_2 的 0.5%。计算分计筛余百分率、累计筛余百分率和各号筛的质量通过百分率,并绘制级配曲线。各级配曲线如图 4-1 所示。

根据《公路工程集料试验规程》JTG E42—2005(试验研究期间的最新版本),在沥青混合料中,粗集料是指粒径大于 2.36mm 的碎石、破碎砾石、筛选砾石和矿渣等。细集料是指粒径小于 2.36mm 的天然砂、人工砂(包括机制砂)及石屑;在水泥混凝土中,粗集料是指粒径大于 4.75mm 的碎石、砾石和破碎砾石。细集料是指粒径小于 4.75mm 的天然砂、人工砂。由于本工程盾构穿越安山岩地层,而安山岩碎石基本用于沥青混凝土,因此对粗、细颗粒含量分析时以粒径 2.36mm 为界。各组渣样粗、细颗粒含量统计见表 4-3,有效推力和刀盘转速与粗颗粒含量关系如图 4-2 所示。

渣样粗、细颗粒含量统计表　　　　　　表 4-3

	1	2	3	4	5	6	7	8	9
粗颗粒	76.7	73.1	71.0	68.5	51.9	73.7	60.1	53.0	51.1
细颗粒	23.3	36.9	29.0	31.5	48.1	26.3	39.9	47.0	48.9

从图 4-2 中可以看出,在相同的盾构推力下,刀盘转速越大,渣土粗颗粒含量越少。盾构推力从 10000kN 增加到 12000kN,粗颗粒含量在刀盘转速为 1.4rpm 和 1.5rpm 时,含量减少了超过 10%;在刀盘转速达到 1.6rpm 时,粗颗粒含量趋于相同,都接近 50%。同时也可以看出在相同的刀盘转速下,随着盾构推力的增加,渣土粗颗粒含量也随之增多。盾构推力在 9500kN 和 12000kN 时,刀盘转速从 1.5rpm 增加到 1.6rpm 时,粗颗粒含量减少量都较小(小于 5%);而推力在 10000kN 时,同样的等级刀盘转速的提升,渣土粗颗粒含量降低了将近 20%。同时,在高刀盘转速下,随着盾构推力的增加,渣土粗颗粒含量逐渐趋于 50%。

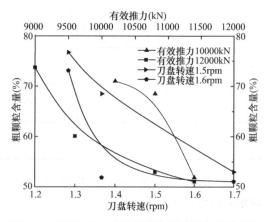

图 4-2 有效推力和刀盘转速与粗颗粒含量关系图

(4) 级配方程分析

目前,关于岩土颗粒物质几何参数分布累计曲线的数学表述具有相异的适用范围。Fuller[27] 等根据试验提出的一种理想级配即最大密度曲线,认为参数级配曲线越接近抛物线时,其密度越大,如式(4-3)所示。

$$P = \sqrt{\frac{d}{d_{\max}}} \times 100\% \tag{4-3}$$

式中，P——粒径为 d 的颗粒的通过质量百分率；

$d_{\max}$——最大粒径。

基于分形理论，Talbot[28]等提出一种级配方程，如式（4-4）所示。

$$P = \left(\frac{d}{d_{\max}}\right)^{3-D} \times 100\% \tag{4-4}$$

式中，D——分形维数。

根据该方程，在研究最大密度时，Talbot 等则认为，实际矿料的级配应允许有一定的波动，如式（4-5）所示。

$$P = \left(\frac{d}{d_{\max}}\right)^{n} \times 100\% \tag{4-5}$$

式中，n——级配指数，一般取 $n = 0.3 \sim 0.6$ 时，有较好密实度，当 $n = 0.5$ 时即为 Fuller 等提出的最大密度曲线。

Swamee[29]等提出了天然泥砂的级配曲线方程，如式（4-6）所示。

$$P = \left[\left(\frac{d^*}{d}\right)^{\frac{m}{n}} + 1\right]^{-n} \times 100\% \tag{4-6}$$

式中，m——双对数坐标系中泥砂级配曲线中间段变化斜率；

n——渐变系数（或称为拟合系数）；

d^*——（双对数坐标系中）级配曲线的中间段直线的延长线与 $P = 100\%$ 的横坐标交点对应的粒径。

朱俊高等[30]通过对大量土体级配曲线的分析提出相应的级配曲线方程，如式（4-7）所示。

$$P = \frac{d^m}{(1-b)d_{\max}^m + bd^m} \times 100\% \tag{4-7}$$

式中，$d_{\max}$ 为最大粒径，b 和 m 为参数。

Rosin-Rammler 分布函数[31]，如式（4-8）所示。

$$G = (1 - \exp(-ad^n)) \times 100\% \tag{4-8}$$

式中，G——累计百分数；

d——粒径；

a——绝对常数，$a = 1/D_e$。其中 D_e 为特征粒径，能反映颗粒粗细程度，D_e 越大，土体颗粒越粗；反之则越细。n 为均匀性指数，反映颗粒级配范围的宽窄程度，n 越大，颗粒级配的范围越窄；反之，颗粒级配的范围越宽。

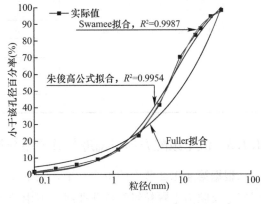

图 4-3 公式拟合对比图

利用上述方程对各编号渣样的颗粒级配曲线进行拟合，以编号 1 渣样为例，拟合效果如图 4-3 所示，具体拟合参数值见表 4-4~表 4-6。

Swamee 公式拟合表   表 4-4

级配曲线拟合方程	试样编号	d^*	m	n	R-Square
$P=\left[\left(\dfrac{d^*}{d}\right)^{\frac{m}{n}}+1\right]^{-n}\times 100\%$	1	13.20796	0.80342	0.33786	0.99865
	2	17.99298	0.6242	0.21651	0.99818
	3	18.6397	0.58835	0.30919	0.99751
	4	11.83779	0.6802	0.33474	0.99745
	5	6.45654	0.64943	0.40267	0.99651
	6	20.75813	0.5975	0.19716	0.99784
	7	12.2591	0.55081	0.31553	0.99657
	8	6.79552	0.6552	0.43011	0.99787
	9	9.09988	0.5162	0.27893	0.99168

朱俊高公式拟合表   表 4-5

级配曲线拟合方程	试样编号	m	b	R-Square
$P=\dfrac{d^m}{(1-b)\,d_{max}^m+bd^m}\times 100\%$	1	1	0.82441	0.99537
	2	0.89897	0.78504	0.99653
	3	0.68759	0.59614	0.9958
	4	0.93615	0.84812	0.99623
	5	0.90444	0.91133	0.99804
	6	0.82126	0.71298	0.99776
	7	0.73508	0.78634	0.99817
	8	0.87121	0.89121	0.99927
	9	0.78521	0.87936	0.99436

Rosin-Rammler 分布函数拟合表   表 4-6

级配曲线拟合方程	试样编号	a	n	R-Square
$G=(1-\exp(-ad^n))\times 100\%$	1	0.12968	0.95381	0.99816
	2	0.16342	0.8467	0.99679
	3	0.19332	0.72511	0.99774
	4	0.207	0.8082	0.99722
	5	0.35504	0.71851	0.9979
	6	0.1597	0.82449	0.99625
	7	0.29385	0.67397	0.99803
	8	0.33533	0.70631	0.99884
	9	0.3967	0.65675	0.99455

4.1.3 渣土级配方程与掘进参数关系分析

根据第 4.1.2 节中的拟合结果，除 Fuller 提出的理想级配方程外，其他三个公式都能很好地反映渣土颗粒级配特征曲线。但由于 Swamee 公式对双曲线线型的级配特征曲线和直线型的级配特征曲线不能准确描述，朱俊高提出的公式中颗粒最大粒径为确定的常数，而实际盾构掘进过程中无法得知土仓内破碎岩块的具体粒径，因此只适合对已知粒组范围的颗粒进行分析。而 Rosin-Rammler 分布函数中的粒径 d 可以进行预设，本身为变量，因此 Rosin-Rammler 分布函数更加适用于盾构机破岩颗粒级配特征分析。

(1) 多元回归拟合

上文中分析可知渣土的颗粒级配特征随着盾构机掘进参数变化而改变,因此将掘进参数和 Rosin-Rammler 分布函数建立一定的数学关系来反应掘进过程中渣样颗粒的一般特征,具体数值见表 4-7,其中参数 a 和 n 为计算方便保留两位小数。

掘进参数与分布函数系数对照表　　　　表 4-7

试样编号	a	n	有效推力（MN）	刀盘转速（rpm）
1	0.13	0.95	9.5	1.5
2	0.16	0.85	9.5	1.6
3	0.19	0.73	10.0	1.4
4	0.21	0.81	10.0	1.5
5	0.36	0.72	10.0	1.6
6	0.16	0.82	12.0	1.2
7	0.29	0.67	12.0	1.3
8	0.34	0.71	12.0	1.5
9	0.40	0.66	12.0	1.6

对 Rosin-Rammler 分布函数中的绝对常数 a、均匀性指数 n 与有效推力 T、刀盘转速 v 进行多元非线性拟合,其中有效推力 T 及刀盘转速 v 为自变量,绝对常数 a、均匀性指数 n 为因变量,并对比不同次数的初等函数,结合不同推力和转速情况下绝对常数 a、均匀性指数 n 变化趋势。拟合结果如式(4-9)、式(4-10)所示:

$$a = -0.813T - 95.057\frac{1}{T} - 13.22\frac{1}{Tv} + 18.778 \tag{4-9}$$

$$n = -4.456a + 0.297\frac{1}{a} - 2.178\ln\frac{1}{a} + 0.235\ln v + 3.596 \tag{4-10}$$

本次关于绝对常数 a 和均匀性指数 n 的多元回归拟合结果的相关系数分别为 0.91 和 0.92,且显著水平均小于 0.05,具体拟合结果见表 4-8 和表 4-9。由这两个方程可以看出,绝对常数 a 和均匀性指数 n 存在着一定的内部关系,不相互独立。对式(4-9)和式(4-10)进行三维绘图可得相应变量对 a 和 n 的变化趋势,如图 4-4 和图 4-5 所示。

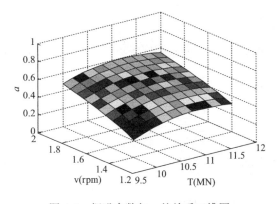 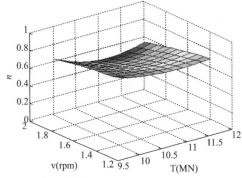

图 4-4　掘进参数与 a 的关系三维图　　　图 4-5　掘进参数与 n 的关系三维图

从图 4-4 和图 4-5 中可以看出,随着盾构推力的增加,系数 a 逐渐增大,但增速缓慢;随着刀盘转速加快,系数 a 快速增大。而在图 4-5 中,可以看出在不同的转速下,当盾构推力增加时，指数 n 变化速率存在差异。转速为 1.2rpm 时，推力增加，指数 n 减小后增加的趋势不明显，而在转速为 2rpm 时，指数 n 有着明显的后增长趋势。同时，对应于不同的盾构推力下，转速的加快对指数 n 的影响基本一致，且呈下降趋势。

绝对常数 a 回归分析表　　　　　　　　　　　　　表 4-8

模型		R	R^2	F	Sig.
a		0.95	0.91	16.22	0.005
—	B	偏相关性	—	—	—
常数项	18.778	—	预测值	0.1160（最小）	0.4061（最大）
T	−0.813	−0.762			
$\dfrac{1}{T}$	−95.057	−0.764			
$\dfrac{1}{Tv}$	−13.220	−0.921	残差	−0.04596	−0.04896

均匀性指数 n 回归分析表　　　　　　　　　　　　表 4-9

模型		R	R^2	F	Sig.
n		0.96	0.92	12.12	0.017
—	B	偏相关性	—	—	—
常数项	3.596	—	预测值	0.6714（最小）	0.9540（最大）
a	−4.456	−0.424			
$\dfrac{1}{a}$	0.297	0.533			
$\ln\dfrac{1}{a}$	−2.178	−0.446	残差	−0.0452	−0.03865
$\ln v$	0.235	0.610			

(2) 回归模型分析

如式（4-11）～式（4-14）为了更好地描述单一因素对绝对常数 a、均匀性指数 n 回归模型的影响情况，通过对有效推力 T 和刀盘转速 v 求一阶偏导数，即对 T 求偏导数时，对刀盘转速 v 赋值，分析有效推力 T 的变化对绝对常数 a 和均匀性指数 n 的影响。同理，对 v 求偏导数，对 T 赋值。

① $T=12\text{MN}$，则有：

$$F(v)=\frac{\partial a}{\partial v}=\frac{1.1}{v^2} \tag{4-11}$$

$$G(v)=\frac{\partial n}{\partial v}=\frac{0.235}{v}-\frac{0.327}{v^2\left(\dfrac{1.1}{v}-1.1\right)^2}-\frac{2.4}{v^2\left(\dfrac{1.1}{v}-1.1\right)}-\frac{4.91}{v^2} \tag{4-12}$$

② $v=1.6\text{rpm}$，则有：

$$F(T)=\frac{\partial a}{\partial T}=\frac{103.0}{T^2}-0.813 \tag{4-13}$$

$$G(T)=\frac{\partial n}{\partial T}=3.62-\frac{0.297\left(\dfrac{103.0}{T^2}-0.813\right)}{\left(0.813T+\dfrac{103.0}{T}-18.8\right)^2}-\frac{473}{T^2}-\frac{2.18\left(\dfrac{103.0}{T^2}-0.813\right)}{0.813T+\dfrac{103.0}{T}-18.8}$$

$$\tag{4-14}$$

对式（4-11）~式（4-14）进行绘图，取 T 和 v 的定义域分别为 [9.5，12] 和 [1.2，2]，如图 4-6、图 4-7 所示。

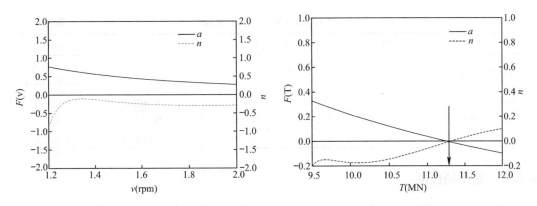

图 4-6　固定推力下刀盘转速与方程系数的关系　　图 4-7　固定转速下推力与方程系数的关系

根据图 4-6，在当有效推力为固定值时，绝对常数 a 和均匀性指数 n 对刀盘转速所求的偏导数在定义域范围内分别大于 0 和小于 0，由此可知式（4-9）在设定的定义域范围内是单调递增，式（4-10）在设定的定义域范围内是单调递减。即在固定推力情况下，绝对常数 a 随着刀盘转速 v 的增加而增大；均匀性指数 n 随着刀盘转速 v 的增加而减小。这就表明刀盘转速越大，渣土颗粒分布范围越宽；同时与绝对常数对应的特征粒径 D_e 越小，渣土颗粒越细。

从图 4-7 可以看出，当刀盘转速一定时，偏导函数 $F(T)$ 和 $G(T)$ 在当 $T \approx 11.3 \mathrm{MN}$ 时有零点。因此可知式（4-9）所对应的函数在 [9.5，11.3] 和（9.5，12] 分别呈单调递增和单调递减，同理可知式（4-10）所对应的函数在 [9.5，11.3] 和（9.5，12] 分别呈单调递减和单调递增。根据此趋势与图 4-6 所对照，可以看出，绝对常数 a 总体上随着盾构有效推力 T 的增加而增大，渣样特征粒径越小，渣土细颗粒增多；均匀性指数 n 总体上随着盾构有效推力 T 的增加而减小，渣样粒度分布范围越宽，进一步表明渣土细颗粒增多。

4.2　全风化、强风化复合地层渣土改良技术试验研究

渣土的改良效果是一个综合性的状态评定，其影响因素很多，通过室内试验可以看出渣土改良效果主要受含水率以及改良剂掺量的影响。以试验结果为基础，对比分析含水率和改良剂掺量对渣土状态的影响。其中渣土改良效果的评价主要根据渣土的坍落度判断改良后渣土的流动性。

一般地，水也可作为渣土改良的一种添加剂。在渣土含水率较低时，水的添加能够增大渣土中的毛细水压力，增大土的黏聚力。当达到一定的含水率后，渣土的黏聚力会随着含水率的增大而减小，渣土流塑性增大。由此，水的添加量对渣土坍落度试验的影响很大。所以，我们对该地层从不同含水率和不同改良剂掺量角度对渣土的流动性进行了试验分析。

4.2.1　渣土改良方式比较

主要土体改良方法有：加水、膨润土、黏土、高分子聚合物和泡沫等施工工艺。土压

平衡盾构施工中，添加剂的特点及适用土质情况见表 4-10。目前在国内土压平衡盾构施工中泡沫和膨润土是使用得最为广泛的两种外加剂。

盾构施工中常用添加剂比较　　　　　　表 4-10

种类	代表材料	主要效果	适用土质	缺点
高吸水性树脂	环氧树脂	防止喷涌	含水量高	酸碱地基和化学加固区效能降低
水溶性高分子	CMC	增大黏性	无黏性土	废弃物处理
界面活性材料	泡沫	改善渗透性、流动性、防止黏附	各种土质	无
矿物	膨润土	改善渗透性、流动性	各种土质	废弃物处理

4.2.2 泡沫剂性能

工程采用 YHP 系列土壤改良泡沫润滑剂，该泡沫剂是由多种表面活性剂、稳定剂、强化剂、渗透剂等复配而成的，是专门针对盾构机在隧道施工中的一种辅助材料，能有效改良土壤塑性，具体技术指标见表 4-11。

泡沫剂技术指标　　　　　　表 4-11

项目	质量指标	项目	质量指标
外观	无色透明液体	pH 值	7.0±0.5
水溶性	完全溶于水	发泡能力（罗氏泡沫仪）	≥220
密度	1.01	倾点℃	0

为确保施工时的渣土改良效果，在室内试验前应先对泡沫改良剂的性能进行检测，主要包括泡沫的发泡率以及其半衰期（泡沫的稳定性）。

(1) 泡沫发泡率试验

根据相关发泡装置的发泡原理，设计了一种简易的发泡装置，如图 4-8 所示。首先调试空压机压力表，使得空压机产生的空气压力达到相应数值。空压机调试好后，将出风口

图 4-8　发泡率试验及半衰期试验示意

与带有压力表的可密封罐相接,并保证连接处密封不漏气。将配置好的一定掺入比的泡沫剂混合溶液通过可密封的注入口注入,根据罐体侧边透明刻度管可知罐内混合溶液体积,通过刻度管变化可得发泡消耗溶液体积,即根据刻度管液面高差与罐体截面积估算溶液消耗体积。通过量测发泡枪喷出的泡沫体积,可以估算泡沫剂溶液的发泡率。

为了对比不同泡沫剂溶液浓度下的溶液发泡倍率,提前备置1%~5%泡沫剂浓度的混合溶液各40L,存于塑料桶内密封。利用简易的泡沫发生装置进行泡沫发泡,实验步骤如下:

1)首先将配置好的1%浓度的泡沫剂溶液全部灌入密封罐内,记录刻度管液面位置做好标记 h_0(cm)。

2)关闭空压机压缩空气出口阀和密封罐体所有阀门后启动空压机。

3)待空压机压力表达到0.5MPa时,打开出气口阀门和密封罐进气口阀门。当密封罐体内压力达到0.3MPa时,如图4-4所示,打开泡沫枪阀门并收集泡沫。收集泡沫体积达10L时,记录刻度管液面位置 h_1(cm),发泡率计算如式(4-15)所示,其中罐体半径为18cm。

$$FER = \frac{10 \times 10^3}{(h_0 - h_1) \times \pi \times 18^2} \tag{4-15}$$

4)以此方法依次进行其他浓度泡沫剂发泡倍率试验。得到泡沫剂溶液发泡倍率和浓度关系。

(2)泡沫半衰期试验

泡沫半衰期试验与发泡倍率试验同步进行,在相应泡沫剂溶液浓度下,用量程为500mL量杯盛取泡沫,并称取量杯中泡沫净重 m_0。每隔1min观察杯中液体析出情况,如图4-8所示,用移液管吸取静置析出溶液,并称量杯中剩余泡沫质量 m_1,直至杯中泡沫质量变化趋势趋于稳定。其中半衰期以消泡后质量为泡沫初始质量的50%的时间为限,不同浓度下的泡沫半衰期如图4-9所示。

由于盾构用气泡的半衰期一般大于5min,根据图4-9可知,本工程所用泡沫剂在不同浓度下发泡所得泡沫的半衰期均大于5min,因此仅根据5min时限不能有效判断泡沫的稳定性。根据图4-9,当浓度超过3%时,泡沫半衰期几乎不随泡沫溶液浓度的增大而变长,所以,3%为经济、有效的泡沫剂溶液浓度。

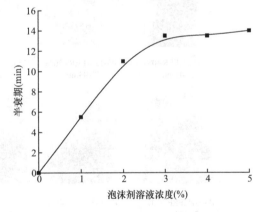

图4-9 不同浓度泡沫半衰期

4.2.3 渣土改良试验

试验步骤:

(1)按含水率16%配置平均级配的渣土(各编号渣样粒径含量平均值)。

(2)通过控制泡沫剂溶液流量(混合溶液浓度为3%)和控制气压的方法得到泡沫(发泡倍率为10倍以上),其掺量分别为渣土体积的0%、20%、40%、60%。

(3)在不同掺量的泡沫下,用搅拌机将渣土充分搅拌,搅拌结束后分层灌入坍落度桶内,每层用捣棒由外向内插捣15次,灌满后用刮刀将桶口渣土刮平。拔出坍落度桶,测其坍落度,记录数据。

(4) 在含水率16%下加减2%，分别为12%、14%、18%、20%。再按（2）、（3）两步进行操作。

4.2.4 渣土改良混合物流动性分析

（1）渣土改良混合物最优流动性

渣土改良状态较好时被认为处于"流塑状态"，而由于这种状态是一个模糊的概念，不能通过量化的标准来评价渣土的改良效果。国内外对于渣土改良效果的评价标准也各不相同，其中坍落度是对渣土改良整体状态评价的方法。

坍落度对渣土改良效果的评价是多方面的，它能测出试验品的流动性、黏聚性和保水性。因此坍落度试验较普遍应用于渣土改良室内试验中。

目前，国内外对渣土改良试验中坍落度值的范围的选取来评价渣土状态没有统一的标准。部分研究人员和泡沫剂生产厂家认为坍落度在10~15cm时，渣土的改良效果较好，但是也有专家学者提出坍落度为12~20cm时坍落度为佳。

（2）试验结果

对每组进行实验拍照并量取坍落度值，并将每组试验所得照片汇总于图4-10。

由于现场实际施工中渣土不可能保持在一个特定的含水率，故应对一个含水率范围进行坍落度试验，以得到在实际施工时，对不同含水率的渣土添加不同量的泡沫以获得好的改良效果。

图 4-10 坍落度试验（一）

W=18%FER=60%　　W=20%FER=0%　　W=20%FER=20%　　W=20%FER=40%　　W=20%FER=60%
T=239mm　　　　　T=216mm　　　　T=229mm　　　　 T=238mm　　　　 T=239mm

图 4-10　坍落度试验（二）

通过对每次改良渣样的坍落度值进行量测，所得数据如图 4-11 和图 4-12 所示。

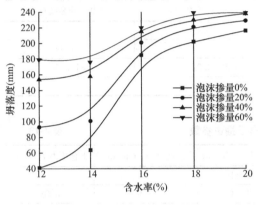 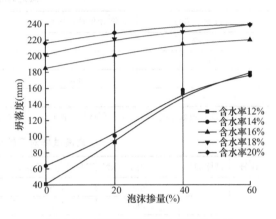

图 4-11　含水率与渣土流动性关系　　　　图 4-12　泡沫掺量与渣土流动性关系

从图 4-11 中可知，在泡沫掺量一定时，渣样含水率越高，渣样的坍落度值越大。其中渣样含水率从 12% 增加到 14% 时，渣样坍落度值增加较为缓慢；含水率从 14% 增加到 16% 时，渣样的坍落度值迅速增加；之后随着含水率的增加，渣样坍落度值增加速率再次放缓。同时渣样泡沫掺量达到 40% 之后，泡沫掺量的增加，渣样坍落度值差异逐渐变小。

图 4-12 展示了泡沫掺量与渣土坍落度（即流动性）的关系。在渣样含水率较小的情况下（含水率为 12%、14%），泡沫掺量的增加，渣土坍落度值迅速增加。含水率为 12% 时，渣样坍落度值从 41mm 增加到 179mm；含水率为 14% 时，渣样坍落度值从 64mm 增加到 176mm。随着含水率的进一步增大，渣样坍落度值增幅非常缓慢，含水率为 16%、18%、20% 时，渣样坍落度值分别从 185mm、202mm、216mm 增加到 220mm、239mm、239mm。同时也能看出，渣样含水率在 16% 时，随着泡沫掺量的增加，渣样坍落度值出现明显差异，即含水率到达 16% 之后，渣样坍落度值增加幅度迅速减小。

综合图 4-10～图 4-12，渣样含水率在 16%～18% 时，渣样通过掺入泡沫能达到较好的流塑状态，此时渣土坍落度值范围在 180～230mm，并且渣土中细颗粒能很好地将粗颗粒进行包裹，渣土的保水性较好，不析水，渣土接近饱和状态。而泡沫掺量掺入 40% 左右时改良效果最佳，能获得较好的经济效益。

4.3 中等风化复合地层渣土特征

4.3.1 渣土取样正交试验

本试验将盾构隧道过程中于不同掘进参数下，取得的盾构岩渣分别装样，称取每份试样不少于 50kg，共取得 11 份试样。对应围岩强度参数及试样的掘进参数见表 4-12、表 4-13 所示。

掘进地层参数 表 4-12

岩石类型编号	饱和单轴抗压强度 R_c	完整性系数 K_v	岩体基本质量指标 BQ
j31-2	0	0～0.15	100
j31-3r	19.38	0.5	283.14
j31-3p	45.95	0.32	317.85
j31-3	63.35	0.59	437.55

注：本试验所取左线 1463-1470 环试样，断面均为中风化安山岩 j31-3。

岩渣试样对应的环号及掘进参数 表 4-13

环号	试样编号	有效推力 F (kN)	刀盘转速 n (rpm)	扭矩 T (MN·m)	推进速度 v (mm/min)	土仓压力 P (bar)
1463	1	6850	1.68	3.827	10	0.2
	2	6000	1.75	2.235	6.5	0.28
1466	3	7000	1.79	1.715	5	0.37
	4	7750	1.76	2.235	7.5	0.39
1468	5	6500	1.93	1.661	4	0.29
	6	7100	1.98	1.851	5	0.31
	7	8000	1.69	2.804	7	0.35
	8	8100	2	3.403	9.5	0.38
1470	9	6750	1.93	2.259	7.5	0.32
	10	6050	2	1.497	4.5	0.27
	11	7100	1.87	3.484	13	0.25

4.3.2 渣土颗粒级配

参照破碎、较破碎地层中渣样进行筛分试验，取套筛包含粒径分别为：37.5mm、26.5mm、19mm、16mm、9.5mm、4.75mm。每个试样分别过筛，得颗粒级配曲线取图 4-13 所示。

从图 4-13 中可以看出，粒径在 37.5mm 以上渣土颗粒含量在 10%～20%；粒径在 4.75～36.5mm 之间的渣土颗粒含量基本在 70%～80%；粒径小于 4.75mm 的渣土颗粒含量基本上低于 5%。

如图 4-14 所示，在相应的有效推力下，刀盘转速分别从 1.75rpm 增大到 2.00rpm、从 1.79rpm 增大到 1.98rpm、从 1.69rpm 增加到 2.00rpm，都表现出渣土颗粒逐渐偏细。在有效推力为 6800kN 时，随着刀盘转速的增大，渣土颗粒在 19mm 粒径以上的颗粒含量相对减少，渣土颗粒在 19mm 粒径以下的颗粒含量相对增多。同时还可以看出当盾构机有效推力在 8050kN 时，刀盘转速的增加，渣土颗粒级配曲线之间的差异变小。所以，即在大致相同的地层下，盾构掘进过程中，盾构有效推力维持稳定，随着刀盘转速的增加，掘出的渣土颗粒偏细。当有效推力较大时，随着刀盘转速的变化，渣土各粒径含量差异将减小。

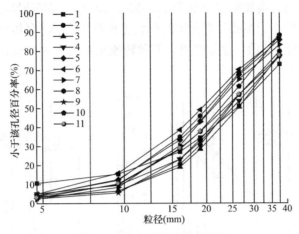

图 4-13 渣土颗粒级配曲线图

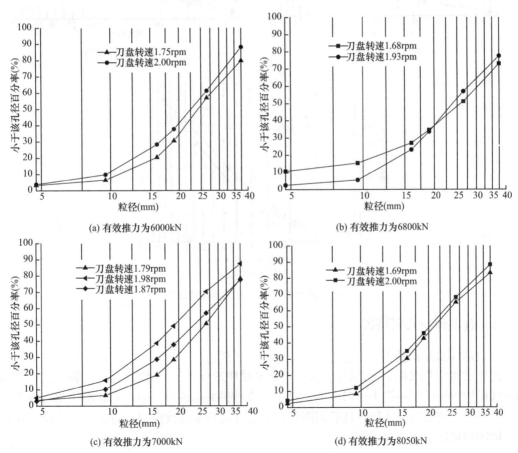

图 4-14 渣土颗粒级配的有效推力分级

如图 4-15 所示，刀盘转速分别在 1.68rpm、1.76rpm、1.95rpm、2.00rpm 时，随着盾构机有效推力的变化，渣土颗粒级配的变化。可以看出，在一定的刀盘转速下，盾构机有效推力增加，渣土颗粒级配曲线偏上，即渣土颗粒相对偏细。在一定的刀盘转速下，渣土颗粒级配与盾构机有效推力的变化幅度相关。盾构机有效推力变化幅度越大，颗粒级配曲线差异越大。有效推力增加幅度分别为 1150kN、600kN、2050kN，其中增幅为 600kN 的渣土颗粒级配曲线中小于某孔径百分率的最大差值低于 5%，而其他两组最大差值分别为 14.6%、8%。从最大差值中也能看出，刀盘转速相对较大时，随着盾构有效推力的变化，渣土颗粒之间的差异也在减小。

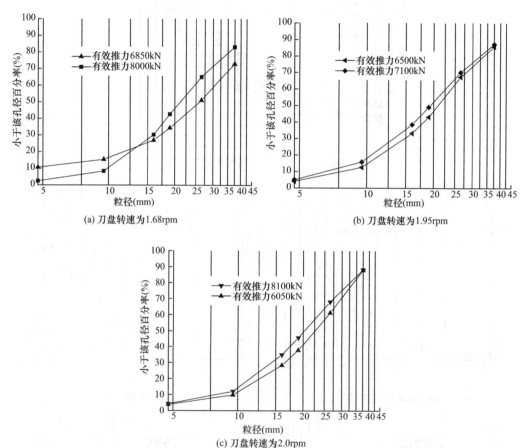

图 4-15 渣土颗粒级配的刀盘转速分级

4.3.3 渣土颗粒几何特征

（1）试样照片拍摄

正交试验中共取得 11 份试样。首先将每份试样均分成 10 小份后标记装袋，然后将每小份试样均匀摊铺于一张 1m×1m 的白纸上。在摊铺岩渣的过程中，尤其需注意将每个岩渣颗粒间相分离放置，从而保证后期图像处理软件失真率得以控制，防止两颗粒轮廓线粘连。摊铺后试样如图 4-16 所示。

对摊铺好的试样进行拍照，拍摄点置于试样正上方 3m 位置以消除阴影对图像处理的影响。拍摄工作完成后，进行数据图像处理工作。本试验采用颗粒（孔隙）及裂隙图像识别与分析系统(PCAS)对拍摄所得的岩渣照片进行处理,进而对盾构岩渣参数进行定量化分析研究。

(2) 试样照片的图像处理

本试验采用南京大学开发的 PCAS 系统,该系统已被运用于岩土体裂隙、孔隙、页岩气孔隙和矿物颗粒等定量识别和结构分析研究领域,也可应用于材料、生物等领域。PCAS 系统的几何测量原理如图 4-17 及图 4-18 所示。

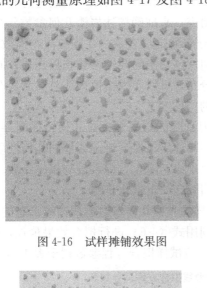

图 4-16　试样摊铺效果图

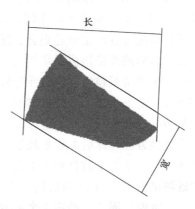

图 4-17　最小和最大 Feret 直径

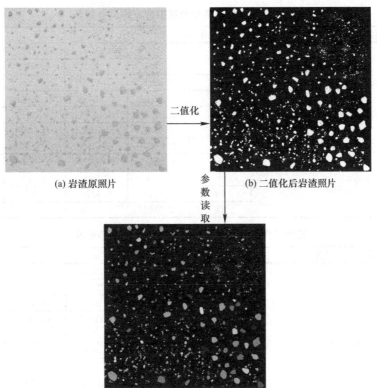

图 4-18　PCAS 系统对本试验照片图像处理原理

(3) 岩渣几何参数定量化分析

本试验针对盾构岩渣，挑选 5 个几何参数作为研究对象进行进一步定量化分析：长度 L、宽度 W、周长 C、面积 S、面积/周长（$I=S/C$）这 5 个几何参数。分别将 11 份试样的上述 5 个几何参数的累积个数曲线进行统计及回归分析。

盾构施工过程中掘进参数包括有效推力、刀盘转速、刀盘扭矩、推进速度、土仓压力等，掘进参数的选取直接影响掘进产生的岩渣的几何性质。所以，通过进行盾构掘进参数对岩渣几何参数分布累积曲线的影响的定量研究，来准确描述岩渣几何参数分布情况，实现了在全粒径范围内渣土颗粒主要几何参数分布的定量表示。在颗粒流与离散元分析中，可采用渣土颗粒级配方程确定颗粒集合、几何块体切割的几何参数指导建模；同时，利用级配方程校验破碎后的颗粒组成及块体尺寸分布，可以实现模拟计算与实测岩石破碎状态间的对比，可用于评价颗粒流、离散元分析的可信度。

工程实践及理论分析表明，掘进参数、刀具磨损与渣土颗粒几何特征间存在相关性。利用渣土颗粒级配方程分析不同掘进参数、不同地层条件下渣土颗粒的几何性质，分析各组渣土几何参数经方程计算后方程系数的变化规律，建立方程系数与掘进参数、地层参数间的经验方程，可用于渣土改良施工工艺的精细化、定量化研究。

根据对现场试验取得的 11 份盾构岩渣试样的颗粒几何参数累积曲线形态的拟合研究，发现岩渣长度、宽度、周长、面积 4 个参数利用式 (4-6) 进行拟合效果最佳，而面积/周长参数以指数函数模型拟合精度最高。11 个岩渣试样拟合方程参数列于表 4-14～表 4-18。

岩渣试样长度参数累积曲线拟合方程及参数表　　　　表 4-14

岩渣长度累积曲线拟合方程	试样编号	L^*	m	k	R^2
$P_L = \left[\left(\dfrac{L^*}{L}\right)^{\frac{m}{k}} + 1\right]^{-k} \times 100\%$	1	0.68539	0.89565	0.47873	0.99827
	2	2.2787	0.3921	0.1674	0.9945
	3	1.6528	0.4991	0.2434	0.99545
	4	0.81566	0.68615	0.38441	0.99684
	5	2.16122	0.64307	0.23819	0.99871
	6	1.4547	0.7847	0.3138	0.9993
	7	2.43328	0.5103	0.17819	0.99778
	8	3.03593	0.63892	0.16564	0.99969
	9	4.149	0.299	0.076	0.99666
	10	1.8718	0.4877	0.2072	0.99804
	11	2.0318	0.5366	0.2027	0.999

岩渣试样宽度参数累积曲线拟合方程及参数表　　　　表 4-15

岩渣宽度累积曲线拟合方程	试样编号	W^*	m	k	R^2
$P_W = \left[\left(\dfrac{W^*}{W}\right)^{\frac{m}{k}} + 1\right]^{-k} \times 100\%$	1	1.1514	0.2963	0.1261	0.99919
	2	2.8489	0.2052	0.0533	0.99921
	3	2.2787	0.2406	0.078	0.99912
	4	1.58178	0.21025	0.08409	0.99886
	5	1.98436	0.4134	0.12329	0.9998
	6	1.3293	0.506	0.1716	0.99983
	7	2.327	0.328	0.08	0.99998
	8	2.2646	0.5562	0.1293	0.99996
	9	3.6518	0.2114	0.0339	0.99782
	10	1.88887	0.30587	0.10116	0.99976
	11	1.7683	0.3866	0.1211	0.99992

岩渣试样周长参数累积曲线拟合方程及参数表					表 4-16
岩渣周长累积曲线拟合方程	试样编号	C_*	m	k	R^2
$P_{\mathrm{C}}=\left[\left(\dfrac{C_*}{C}\right)^{\frac{m}{k}}+1\right]^{-k}\times100\%$	1	0.07328	56.7548	38.864	0.99749
	2	0.03736	71.49003	59.0043	0.98433
	3	0.03933	73.2615	59.4182	0.98599
	4	0.06416	87.24298	57.67518	0.98648
	5	0.7381	3.9495	2.9847	0.99165
	6	0.37112	9.07473	6.43542	0.99432
	7	0.02811	91.7532	80.1012	0.98734
	8	3.8315	1.2532	0.7076	0.9917
	9	0.02205	64.81524	62.16882	0.97273
	10	0.04027	79.53312	63.64159	0.98884
	11	0.0329	101.66	83.296	0.99013

岩渣试样面积参数累积曲线拟合方程及参数表					表 4-17
岩渣面积累积曲线拟合方程	试样编号	S_*	m	k	R^2
$P_{\mathrm{S}}=\left[\left(\dfrac{S_*}{S}\right)^{\frac{m}{k}}+1\right]^{-k}\times100\%$	1	2.99014	0.08895	0.06429	0.99645
	2	9.2341	0.0919	0.0405	0.99972
	3	6.97682	0.09821	0.05261	0.99936
	4	4.33615	0.07409	0.04913	0.99903
	5	3.9133	0.2038	0.1175	0.99963
	6	1.9075	0.2314	0.1491	0.9997
	7	5.2011	0.1611	0.0758	0.99993
	8	4.32153	0.30282	0.15269	0.99983
	9	11.45645	0.11255	0.03645	0.9977
	10	3.8809	0.1429	0.091	0.99949
	11	2.86154	0.19575	0.12541	0.99977

岩渣试样面积/周长参数累积曲线拟合方程及参数表					表 4-18
岩渣面积/周长累积曲线拟合方程	试样编号	$P_{\mathrm{I}0}$	a	k	R^2
$P_{\mathrm{I}}=ae^{-\frac{I}{k}}+P_{\mathrm{I}0}$	1	99.49338	−131.222	0.06696	0.9665
	2	98.0072	−155.041	0.05447	0.97514
	3	0.184	0.7832	0.0057	0.91237
	4	96.18871	−151.0324	1.02355	0.97345
	5	98.48577	−132.1322	0.08327	0.99047
	6	99.2081	−134.616	0.08568	0.99152
	7	98.77236	−137.05	0.07602	0.98874
	8	98.34886	−118.022	0.13425	0.9954
	9	97.1133	−147.28532	0.05886	0.97782
	10	98.57134	−143.7156	0.06997	0.98297
	11	2.86154	0.19574	0.12541	0.99977

4.4 中等风化复合地层渣土改良技术试验研究

根据渣土粒径统计分析结果，较完整地层中粒径在 37.5mm 以上渣土颗粒含量在

10%~20%；粒径在 4.75~36.5mm 之间的渣土颗粒含量基本在 70%~80%；粒径小于 4.75mm 的渣土颗粒含量基本上低于 5%。因此，通过坍落度指标表征渣土流塑性不再适用，需进行搅拌试验量测添加改良剂后的搅拌扭矩，通过分析搅拌扭矩变化情况推测渣土改良混合物流塑性。

搅拌试验是利用盾构渣土改良混合物塑流性量测装置模拟刀盘和搅拌翼板对渣土的搅拌过程，评价改良土体的搅拌性能和黏附性，为研究刀盘扭矩、螺旋排土器扭矩的影响因素提供了一种直观有效的试验手段。

4.4.1 渣土流动性试验

（1）试验仪器及材料

渣土改良混合物塑流性量测装置包括（1）外盘、（2）主动轴、（3）摇臂、（4）弹簧测力计、（5）外盘上的水平刻度盘、（6）主动轴上刻度盘、（7）搅拌叶片、（8）内侧搅拌叶片、（9）气压输入管、（10）改良剂输入管、（11）弹簧测力计刻度盘、（12）顶部开口容器、（13）弹簧、（14）底部开口容器、（15）外盘上盖、（16）注剂通道等组成，详见图 4-19。

（2）试验原理

对摇臂端部弹簧测力计的推动面施加水平垂直于摇臂的推力，添加改良剂，当主动轴作匀角速度转动后，安装于主动轴上的搅拌叶片推动土仓内的渣土混合物流动，土仓内的渣土混合物的流动对安装于外盘内侧的搅拌叶片施加力的作用，使外盘转动；当主动轴与外盘均作匀角速度转动时，读出在相同长度时间 Δt_i 内主动轴外侧表面水平刻度盘上的刻度改变量及外盘外侧水平表面刻度盘上的刻度改变量，计算得到主动轴转动角度 $\Delta\theta_{ai}$ 及外盘转动角度 $\Delta\theta_{pi}$；读出弹簧测力计内弹簧受压力时的长度变化量 Δx_i；量测弹簧测力计中轴线与主动轴中轴线间距 L；改变推力，重复以上操作，通过计算在不同力 F_i 的作用下主动轴与外盘均作匀角速度转动时的角速度差 $\Delta\omega_i$，能够精确得到主动轴与外盘作匀角速度转动时的角速度差与主动轴转动角速度间的关系曲线，通过能量衰减损耗定量反映渣土改良混合物塑流性；通过精确得到主动轴与外盘均作匀角速度转动时的角速度差与主动轴角速度之比（$\Delta\omega_i/\omega_{ai}$）和主动轴转动力矩 T_i、主动轴推动力 F_i 间的关系曲线，定量分析力的作用与渣土改良混合物塑流性的相关性。

4.4.2 渣土流动性分析

为研究土体改良效果，试验不添加任何添加剂对渣土进行搅拌，通过控制掺水量和泡沫掺量，分析不同改良手段下的渣土混合物扭矩来分析渣样的流动性。测量装置如图 4-19 所示。

如图 4-20 所示，在较完整地层的渣样中加入一定量的水进行土体改良，在前期土体的搅拌扭矩较高且变化很小，当掺水量超过 2% 时搅拌扭矩下降，下降速率加快，混合物流动性增强；当掺水量达到 8%，土体的搅拌扭矩下降速率开始减小，并逐渐趋于稳定。总体上渣样的搅拌扭矩减少量较低，水对渣土混合物搅拌扭矩的影响较小。

如图 4-21 所示，在渣土中加入一定量的泡沫进行土体改良，在前期土体的搅拌扭矩有一定的增大，在泡沫剂加入比为 3% 左右的时候，土体的搅拌功率增加到最大值。当泡沫掺量超过6%时，搅拌扭矩开始迅速下降；当泡沫掺量达到9%之后，搅拌扭矩变化很小，说明此时泡沫掺量的增加对渣土改良的作用不大。所以，泡沫剂能够显著降低对渣土混合物的搅拌扭矩。

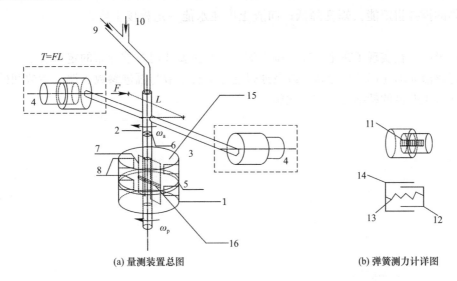

(a) 量测装置总图　　　　　　　　　　(b) 弹簧测力计详图

图 4-19　量测装置示意

1—外盘；2—主动轴；3—摇臂；4—弹簧测力计；5—外盘上水平刻度盘；6—主动轴上刻度盘；7—搅拌叶片；8—内侧搅拌叶片；9—气压输入管；10—改良剂输入管；11—弹簧测力计刻度盘；12—顶部开口容器；13—弹簧；14—底部开口容器；15—外盘上盖；16—注剂通道

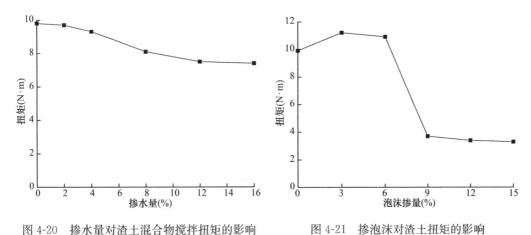

图 4-20　掺水量对渣土混合物搅拌扭矩的影响　　　图 4-21　掺泡沫对渣土扭矩的影响

4.5　本章小结

（1）Rosin-Rammler 级配曲线方程对破碎、较破碎地层渣土颗粒级配的拟合效果较好，可以比不均匀系数、曲率系数等参数更好地对不同渣样颗粒级配进行区分。

（2）富水渣样（重力含水率 16%～18%）在泡沫剂发泡后的体积掺入量 40% 时，土中细颗粒能很好地将粗颗粒进行包裹，渣土的保水性较好，不析水，改良后的渣土混合物坍落度值范围在 180～230mm，达到较好的流塑状态，经济性较好。

85

(3）较完整地层岩渣的长度、宽度、周长、面积 4 个参数利用 Swamee 级配曲线方程进行拟合效果最佳，而面积/周长参数以指数函数模型拟合精度最高。

（4）较完整地层渣样（含水率在 8％左右）在泡沫剂发泡后的体积掺入量 9％时，渣土混合物的搅拌扭矩能大幅度降低；向渣土内注水能一定程度上降低搅拌扭矩，但效果不佳。

（5）级配方程实现了在全粒径范围内渣土颗粒主要几何参数分布的定量表示，可用于颗粒流与离散元的建模及反分析，以及通过建立方程系数与掘进参数、地层参数间的经验方程指导渣土改良的精细化、定量化施工。

第5章 注浆材料与注浆工艺研究

盾构机在隧道掘进过程中,拼装的管片与围岩间存在一定的空隙。为保证管片的稳定和防止围岩的坍塌,在盾构施工中进行注浆,即通过一定的注浆压力将具有特定性质的浆液注入管片与围岩间的空隙,使管片和围岩形成一个整体。为满足注浆施工和填充效果要求,注入的浆液必须具备良好的工作性能:填充性好、流动性好、离析少、早期强度高等。如果注浆浆液的工作性能差,则容易产生堵管、泌水、围岩塌落、管片移位等不良现象。

盾尾注浆充填施工是否及时影响着隧道的质量和地层位移。其他因素,如注浆方式、注浆材料、注浆量、注浆压力、注浆时间、注浆速率和注浆点的选择等,同样会对盾尾注浆施工产生影响。

根据盾尾注浆与盾构掘进在时效性上的关系分为同步注浆和二次注浆。一般在隧道发生偏移、地表沉降异常时或在一些特殊地段需要进行二次注浆。在隧道出现渗漏水的情况下,为了堵漏也需要从管片注浆口进行二次注浆,以满足隧道的安全和使用要求。

5.1 同步注浆材料选择

随着盾构壁后注浆越来越受到工程界的重视,注浆材料的研究也得到了快速发展。从早期的砾石混凝土浆液,再到砂浆浆液,发展到现在的双液注浆、单液惰性浆液、单液可硬性浆液等,见表5-1。

主要浆液类型性能指标比较 表5-1

浆液类型	早期强度	后期强度	局限	填充效果	价格
单液惰性浆液	低	低	凝结时间长,易流失	好	低
单液硬性浆液	较高	高	有流失,会发生堵管	较好	一般
双液浆	高	高	极易堵管	较好	贵

根据以上多种同步注浆材料对比结果,双液浆早期后期强度都很高,其流动性充填性都很好,但其也极易发生堵管,注浆工艺复杂,且价格相对昂贵,所以不能作为盾构在穿越建筑物时同步注浆浆液的首选。单液惰性浆液流动性好,可泵性强,不易堵塞注浆管路,能随时进行注浆,价格便宜,但凝结时间长,早、后期强度都不高,对控制建筑物沉降不利。快硬性浆液成本一般,原材料来源广泛,易于施工管理,浆液早期及后期强度比较高,容易控制建筑物沉降,虽然其凝结时间相对较短,但是通过调整浆液原材料的配合比及加入减水剂,可以延长其凝结时间,故其一般作为盾构隧道施工的首选浆液。

5.2 同步注浆材料物理及力学特性

5.2.1 影响因素分析

单液快硬型浆液的影响因素一般可分为下列四个,分别为粉灰比 $x_1=F/C$、胶砂比

$x_2=(F+C+B)/S$、水胶比 $x_3=W/(F+C+B)$、膨水比 $x_4=B/W$。其中粉灰比是粉煤灰 F 和水泥 C 质量之比；胶砂比是水泥 C、粉煤灰 F、膨润土 B 质量和与细砂 S 质量之比；水胶比是水的质量 W 与水泥、粉煤灰与膨润土质量和之比；膨水比是膨润土质量 B 与水质量 W 之比。为了分析各个因素对注浆材料性能的影响并根据分析结果提出最优的配合比，根据方开泰等提出的均匀设计理论[32]，本次试验采用均匀设计安排实验。根据实际工程经验，常规注浆浆液常用粉灰比范围在 2.0~5.0 之间，胶砂比范围在 0.45~0.75 之间，水胶比范围在 0.6~0.9 之间，膨水比在 0.4 以下，试验安排因素水平表见表 5-2、表 5-3，根据砂浆设计密度 $1750kg/m^3$ 和表 5-2 计算各材料用量，材料用量见表 5-4。

试验因素水平表　　　　　　　　　　　表 5-2

水平＼因素	粉灰比 F/C	胶砂比 $(C+F+B)/S$	水胶比 $W/(C+F+B)$	膨水比 B/W
1	2	0.45	0.6	0
2	3	0.55	0.7	0.1
3	4	0.65	0.8	0.2
4	5	0.75	0.9	0.3

试验安排表　　　　　　　　　　　表 5-3

组号＼因素	粉灰比 F/C	胶砂比 $(C+F+B)/S$	水胶比 $W/(C+F+B)$	膨水比 B/W
1	2.0	0.45	0.7	0.1
2	2.0	0.75	0.8	0.2
3	3.0	0.75	0.6	0.2
4	4.0	0.75	0.7	0
5	5.0	0.75	0.9	0.1
6	5.0	0.45	0.6	0.3
7	3.0	0.45	0.9	0
8	2.0	0.65	0.6	0
9	5.0	0.55	0.8	0
10	4.0	0.55	0.6	0.1
11	3.0	0.55	0.7	0.3
12	2.0	0.55	0.9	0.2
13	4.0	0.45	0.8	0.2
14	4.0	0.65	0.9	0.3
15	5.0	0.65	0.7	0.2
16	3.0	0.65	0.8	0.1

试验内容：浆液稠度、浆液倾析率、浆液密度、浆液凝结时间试验、浆液 1d、7d、28d 强度。

试验材料：①水泥：海螺普通硅酸盐水泥 P.O 42.5；②粉煤灰：Ⅱ级；③细砂：河砂，细度模数 1.9；④膨润土：钠基膨润土。

试验仪器：砂浆稠度仪一台；胶砂搅拌机一台；数显砂浆初终凝试验机一台；电子天平感量 0.1g、感量 5g 各一台；70.7×70.7×70.7ABS 塑料试模 3 组；YAW300 全自动压力试验机一台；刮刀若干；铲子若干；50ml、100ml、250ml 量杯若干；500ml、1000ml 量筒若干。

5.2.2 稠度试验

（1）用少量润滑油轻擦滑杆，再将滑杆上多余的油用吸油纸擦净，使滑杆能自由滑动。

(2) 用湿布擦净盛浆容器和试锥表面，将砂浆拌合物一次装入容器，使砂浆表面低于容器口 10mm 左右。用捣棒自容器中心向边缘均匀地插捣 25 次，然后轻轻地将容器摇动或敲击 5~6 下，使砂浆表面平整，然后将容器置于稠度测定仪的底座上。

(3) 如图 5-1 所示，拧松制动螺丝，向下移动滑杆，当试锥尖端与砂浆表面刚接触时，拧紧制动螺丝，使齿条侧杆下端刚接触滑杆上端，刻度盘指针调零。

(4) 如图 5-2 所示，拧松制动螺丝，同时计时间，10s 时立即拧紧螺丝，将齿条测杆下端接触滑杆上端，从刻度盘上读出下沉深度（精确至 1mm），读数即为砂浆的稠度值。

(5) 盛装容器内的砂浆，只允许测定一次稠度，重复测定时，应重新取样测定。

备注：取两次试验结果的算术平均值，精确至 1mm；如两次试验值之差大于 10mm，应重新取样测定。

各材料用量表　　　　　　　　　　　表 5-4

组号	水泥（kg）	粉煤灰（kg）	膨润土（kg）	细砂（kg）	水（kg）
1	137.7	275.4	31.7	988.6	316.7
2	141.4	282.7	134.3	745	446.7
3	130.9	392.7	72	794.5	359.9
4	115.4	461.4	0	769.4	403.8
5	82.2	411.2	48.5	722.9	485.2
6	62.5	312.6	82.5	1017.2	275.1
7	106.1	318.2	0	943.9	381.8
8	185.8	371.5	0	858.3	334.3
9	80.6	403	0	879.4	386.9
10	96.2	384.8	30.8	930.3	307.9
11	104.9	314.7	92.3	930.6	307.4
12	128.7	257.4	84.9	855.7	423.3
13	73.1	292.5	69.5	966.8	348.1
14	74.3	297.2	137.5	783.2	457.7
15	77.4	387.2	75.9	831.6	377.9
16	120.4	361.1	42.1	805.2	421.3

图 5-1　置零　　　　　　　　图 5-2　读数

5.2.3 密度试验

(1) 用湿布擦净容量筒的内表面，称量容量筒质量 m_1，精确至 5g。

(2) 捣实可采用手工或机械方法。当砂浆稠度大于 50mm 时，宜采用人工插捣法，当砂浆稠度不大于 50mm 时，宜采用机械振动法。本次试验为注浆材料，稠度大，采用人工插捣。

采用人工插捣时，将砂浆拌合物一次装满容量筒，使稍有富余，用捣棒由边缘向中心均匀地插捣 25 次，插捣过程中如砂浆沉落到低于筒口，则应随时添加砂浆，再用木槌沿容器外壁敲击 5、6 下。

(3) 捣实或振动后将筒口多余的砂浆拌合物刮去，使砂浆表面平整，然后将容量筒外壁擦净，称出砂浆与容量筒总质量 m_2，精确至 5g。

(4) 砂浆拌合物的质量密度应按式（5-1）计算：

$$\rho = \frac{m_2 - m_1}{v} \tag{5-1}$$

式中，ρ——砂浆拌合物的质量密度（g/cm³）；

m_1——容量筒质量（g）；

m_2——容量筒及试样质量（g）；

v——容量筒容积（cm³）。

注：取两次试验结果的算术平均值为浆液密度。

5.2.4 倾析率试验

(1) 取两个洁净烧杯并作标记 1 号、2 号，量程为 250ml，称取质量分别记为 m_1、m_2。

(2) 将拌制好的浆液盛入 1 号烧杯中，容量约 200ml，称取浆液与烧杯的总质量 m_3。

(3) 如图 5-3 及图 5-4 所示，密封静置 3h 后，用吸管吸出浆液表层析出的水，并滴入 2 号烧杯中，待析出的水全部转入 2 号烧杯后，量取水与烧杯的总重量 m_4。

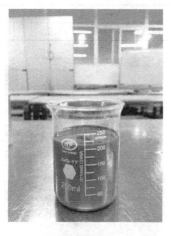

图 5-3 静置前

图 5-4 静置后

(4) 浆液的倾析率按式（5-2）计算：

$$y = \frac{m_4 - m_2}{\rho(m_3 - m_1)} \times 100 \tag{5-2}$$

式中，y——浆液的倾析率（%）；
ρ——砂浆拌合物的质量密度（g/cm³）。

5.2.5 初终凝试验

（1）如图 5-5 所示，将制备好的砂浆拌合物装入砂浆容器内，并低于容器上口 10mm，轻轻敲击容器，并予以抹平，盖上盖子，放在（20±2）℃的试验条件下保存。

（2）砂浆表面的倾析不清除，将容器放到压力表圆盘上，然后通过以下步骤来调节测定仪。①转动调节螺母，使贯入试针与砂浆表面接触；②松开调节螺母之后，确定压入砂浆内部的深度为 25mm 后再拧紧螺母；③读数表置零。

（3）如图 5-6 所示，测定贯入阻力值，用截面为 30mm² 的贯入试针与砂浆表面接触，在 10s 内缓慢而均匀地垂直压入砂浆内部 25mm 深，每次贯入时记录仪表读数 N_p，贯入杆离开容器边缘或已贯入部位至少 12mm。

（4）在（20±2）℃的试验条件下，实际贯入阻力值，在成型后 2h 开始测定，以后每隔半小时测定一次，至贯入阻力值达到 0.3MPa（读数约为 9N）后，改为每 15min 测定一次，直至贯入阻力值达到 0.7MPa（读数约为 21N）为止。

（5）分别记录时间和相应的贯入阻力值，根据试验所得各阶段的贯入阻力与时间的关系绘图，由图求出贯入阻力值达到 0.5MPa 的所需时间 t(min)，此时的 t 值即为砂浆的凝结时间测定值，或采用内插法确定。

图 5-5 拌制装填

图 5-6 2h 后贯入读数

5.2.6 立方体抗压强度试验

（1）采用立方体试件，每组试件 3 个。

（2）试模内涂刷薄层机油或隔离剂，将拌制好的砂浆一次性装满砂浆试模，用捣棒均匀地由边缘向中心按螺旋方式插捣 25 次，插捣过程中如砂浆沉落低于试模口，应随时添加砂浆，可用油灰刀插捣数次，并用手将试模一边抬高 5～10mm 各振动 5 次，使砂浆高出试模顶面 6～8mm。

（3）待表面水分稍干后，将高出试模部分的砂浆沿试模顶面刮去并抹平。

(4) 试件制作后应在室温为（20±5）℃的环境下静置（24±2）h，当气温较低时，可适当延长时间，但不应超过两昼夜，然后对试件进行编号、拆模。试件拆模后应立即放入温度为（20±2）℃，相对湿度为90%以上的标准养护室中养护。养护期间，试件彼此间隔不小于10mm，混合砂浆试件上面应覆盖以防有水滴在试件上。

(5) 试件1d、7d、28d龄期到期后，从养护地点取出后及时进行试验。试验前将试件表面擦拭干净，测量尺寸，并检查其外观。并据此计算试件的承压面积，如实测尺寸与公称尺寸之差不超过1mm，可按公称尺寸进行计算。

(6) 如图5-7及图5-8所示，将试件安放在试验机的下压板（或下垫板）上，试件的承压面应与成型时的顶面垂直，试件中心应与试验机下压板（或下垫板）中心对准。开动试验机，当上压板与试件（或上垫板）接近时，调整球座，使接触面均衡受压。承压试验应连续而均匀地加荷，加荷速度应为每秒钟0.25～1.5kN（砂浆强度不大于5MPa时，宜取下限，砂浆强度大于5MPa时，宜取上限），当试件接近破坏而开始迅速变形时，停止调整试验机油门，直至试件破坏，然后记录破坏荷载。砂浆立方体抗压强度应按式（5-3）计算：

$$f_{m,cu} = \frac{N}{A} \tag{5-3}$$

式中，$f_{m,cu}$——砂浆立方体试件抗压强度（MPa）；

N——试件破坏荷载（N）；

A——试件承压面积（mm^2）

注：砂浆立方体试件抗压强度应精确至0.1MPa。以三个测值得平均值作为砂浆抗压强度。当三个测值的最大值或最小值中如有一个与中间值的差值超过中间值的15%时，则把最大值及最小值一并舍去，取中间值作为该组试件的抗压强度值；如有两个测值与中间值的差值均超过中间值的15%时，则该组试件的试验结果无效。

图5-7 试样成型

图5-8 试样受压破坏

5.2.7 试验结果

根据以上试验过程和要求得出以下试验结果列入表5-5中。

试验结果　　　　　　　　　　　　表 5-5

试样编号	密度 (g/cm³)	倾析率 (%)	稠度 (cm) 初始	稠度 2h	稠度 4h	稠度 6h	凝结 (h)	立方体抗压强度 (MPa) 1d	7d	28d
1	2.02	1.4	9.8	—	—	—	5.75	0.54	2.0	3.5
2	1.84	3.5	12.1	11.6	9.8	—	8.75	0.25	0.7	2.9
3	1.92	1.8	11.5	9.1	5.5	—	8	0.31	1.2	3.2
4	1.86	5.1	12.0	10.4	9.2	—	10	0.13	1.5	2.2
5	1.78	8.1	12.0	11.5	9.3	5.1	11.5	0.09	0.4	0.7
6	2.02	0.2	3.8	—	—	—	5.25	0.30	0.8	1.7
7	1.92	7.8	11.6	11.1	6.4	4.2 (5h)	12	0.26	1.4	2.2
8	1.99	3.0	11.6	9.4	5.9	—	8.25	0.36	2.2	7.6
9	1.90	9.9	11.9	11.4	9.2	5.8	10.75	0.16	0.5	1.0
10	2.00	3.4	10.6	7.4	5.6 (3h)	—	9.25	0.22	0.8	2.7
11	1.99	0.8	6.4	—	—	—	5.5	0.33	1.2	2.1
12	1.89	6.0	12.0	11.0	8.9	7.2	9.75	0.28	0.6	1.4
13	1.99	5.4	10.9	10.2	5.5	—	8.75	0.24	0.5	1.0
14	1.85	5.5	11.8	11.7	10.9	5.9	10.75	0.17	0.2	0.5
15	1.92	4.4	11.9	10.8	8.6	4.4	9.25	0.20	0.4	0.9
16	1.88	10.3	12.2	10.8	10.0	5.8 (5h)	10	0.18	0.6	1.5

5.2.8 浆液性能参数回归分析

根据表 5-5 的试验结果，将各个材料配比数据进行多元线性回归分析和多元非线性回归分析。在进行多元非线性回归分析时，将非线性变量进行线性化。例如，若 ξ_1 和 ξ_2 两个变量对目标 ψ 存在交互影响，假设回归方程为 $\psi=\alpha+\beta\xi_1+\chi\xi_2+\delta\xi_1^2+\varepsilon\xi_2^2+\phi\xi_1\xi_2$，可以另设变量 $\xi_3=\xi_1^2$、$\xi_4=\xi_2^2$、$\xi_5=\xi_1\xi_2$，回归方程则可转化成多元线性方程 $\psi=\alpha+\beta\xi_1+\chi\xi_2+\delta\xi_3+\varepsilon\xi_4+\phi\xi_5$，这样回归分析就更加便利。

分析过程：设所测结果为应变量 y，粉灰比为 x_1，胶砂比为 x_2，水胶比为 x_3，膨水比为 x_4。将自变量和应变量分别键入对话框中，输出项勾选部分相关和偏相关以及预测值，去除显著性水平较大并且偏相关性较小的变量及变量系数。分析得结果见表 5-6。运用 SPSS 计算残差，验证方程的拟合优度见表 5-7。

回归结果汇总表　　　　　　　　　　　　表 5-6

性能指标	回归方程	R^2
稠度初始	$y_1=-15.685+0.336x_1+34.230x_2+46.041x_3-74.994x_4-14.375x_3^2$ $-60.625x_4^2-46.720x_2x_3+55.199x_2x_4+70.142x_3x_4$	0.98
稠度 2h	$y_2=-34.693+43.450x_2+72.307x_3-21.562x_2^2-33.896x_3^2$ $+26.780x_4^2-17.165x_2x_3-9.761x_3x_4$	0.94
稠度 4h	$y_3=-111.803+166.751x_2+156.889x_3-97.309x_2^2-76.118x_3^2$ $+35.426x_4^2+0.138x_1x_3-42.275x_2x_3-15.930x_2x_4$	0.999
密度	$y_4=2.529-0.009x_1-0.448x_2-0.413x_3+0.033x_4$	0.97
倾析率	$y_5=-54.981+6.077x_1+110.384x_2+22.238x_3$ $-62.5x_2^2-57.962x_4^2-9.095x_1x_2$	0.95

续表

性能指标	回归方程	R^2
凝结时间	$y_6=12.244+6.193x_1-41.974x_3-57.876x_4-0.344x_1^2+40.625x_3^2$ $-9.375x_4^2-4.095x_1x_3+40.845x_2x_4+34.891x_3x_4$	0.97
1d 强度	$y_7=2.025-0.503x_1-1.835x_2+0.029x_1^2+1.375x_2^2$ $+0.237x_1x_2+0.139x_1x_3-1.629x_2x_3+0.535x_2x_4$	0.97
7d 强度	$y_8=12.449-1.649x_1-21.342x_2-9.907x_4+12.500x_2^2-2.767x_3^2$ $+20.854x_4^2+1.671x_1x_2+0.353x_1x_3+0.617x_1x_4$	0.99
28d 强度	$y_9=17.377-4.115x_1+12.039x_2-18.570x_3-15.873x_4-0.269x_1^2$ $-3.124x_1x_2+3.637x_1x_3+3.215x_1x_4$	0.95

回归分析最大残差表　　　　表 5-7

各项指标	回归方程预测值	实际试验值	残差	残差/实际值
稠度初始	11.6	12.1	0.5	0.04
稠度 2h	10.3	10.8	0.5	0.05
稠度 4h	8.9	9.0	0.1	0.01
密度	1.97	1.99	0.02	0.01
倾析率	10.3	8.1	2.2	0.27
凝结时间	6.45	5.75	0.70	0.12
1d 强度	0.51	0.54	0.03	0.06
7d 强度	0.9	0.8	0.1	0.12
28d 强度	2.4	1.5	0.9	0.6

根据表 5-6 及表 5-7，各项性能指标残差均较小，回归方程拟合精度较高。

5.3 同步注浆材料配合比优化

同步注浆材料由于其施工的特殊性，浆液需满足短期时间内泵送性好，停止注浆后不易发生堵管，浆液注入后，凝结时间不能过长，并具有一定的强度。根据工程实际并参考相关工程经验，浆液各项指标取值见表 5-8，并通过取值范围对试验安排和试验结果进行筛选，结果见表 5-9 和表 5-10。

从表 5-9 可以看出，第二组试验除了粉煤灰用量和施工用量有所差别，其他材料用量相差不大，工作性能都能满足盾构施工需要，但第二组的成本相对现场施工配比更能取得较好的经济效益，其材料配比为水泥 141.4kg、粉煤灰 282.7kg、膨润土 134.3kg、细砂 745kg、水 446.7kg。

浆液各项指标取值范围　　　　表 5-8

性能指标	取值范围
初始稠度	11～12.5cm
2h 稠度	9～12cm
倾析率	0～5%
凝结时间	8～12h
1 天强度	>0.2MPa
7 天强度	>0.5MPa
28 天强度	>1.5MPa

试验筛选用量对比表 表 5-9

	水泥（kg）	粉煤灰（kg）	膨润土（kg）	细砂（kg）	水（kg）
组 2	141.4	282.7	134.3	745	446.7
组 8	185.8	371.5	0	858.3	334.3
施工配比	120	360	120	700	500

试验结果对比表 表 5-10

	倾析率（%）	初始稠度（cm）	2h 稠度（cm）	凝结时间（h）	1d 强度（MPa）	7d 强度（MPa）	28d 强度（MPa）
组 2	3.5	12.1	10.7	8.75	0.25	0.7	2.9
组 8	3.0	11.6	10.6	8.25	0.36	2.2	7.9
现场施工	3~5	12.0	—	6	—	—	2.1

通过调查市场价格计算筛选优化出的材料用量成本如表 5-11 所示。

优化配比与施工配比成本对比 表 5-11

	水泥（kg）	粉煤灰（kg）	膨润土（kg）	细砂（kg）	水（kg）	合计
单价（元）	0.31	0.17	0.13	0.06	—	
组 2 成本（元）	43.83	48.06	17.46	44.7	—	154.05
组 8 成本（元）	57.6	63.16	0	51.5	—	172.26
现场施工成本（元）	37.2	61.2	15.6	42	—	156

5.4 同步注浆材料配合比预测方法

根据各性能指标回归方程、各材料掺比对浆液性能指标的影响程度以及施工预期达到的性能指标要求，可以根据相应的参数初始值，得出不同的浆液材料配比。通过试算和实际试验对比，选择符合要求的浆液配比。这使得施工过程中浆液配比的选择更具合理性。

如图 5-9 所示，假定在某个地层中掘进时，要求浆液凝结时间较长，根据上文中分析可知粉灰比、胶砂比、水胶比与浆液的凝结时间呈正相关，膨水比与凝结时间呈负相关。因此粉灰比（2.0~5.0）、胶砂比（0.45~0.75）、水胶比（0.6~0.9）可以在其相应范围内取大值，膨水比（0.4 以下）在其范围内取小值。然后对所取的值代入回归方程，计算其他性能指标，若其他性能指标满足相应的工作要求，则定为可用配比。最后对剩余的几组配比进行材料用量成本对比分析，选取成本最低的配比作为施工配比。

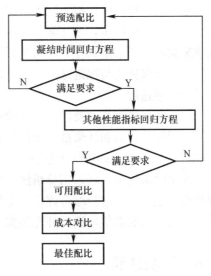

图 5-9 同步注浆材料配合比预测方法流程图

5.5 同步注浆工艺优化

(1) 注浆压力

注浆压力应略大于该地层位置的静止水土压力,同时避免浆液进入盾构机的土仓中。最初的注浆压力是根据理论静止水土压力确定的,在实际掘进中将不断优化。如果注浆压力过大,会导致地面隆起和管片变形,还易漏浆。如果注浆压力过小,则浆液填充速度赶不上空隙形成速度,又会引起地面沉陷。一般而言,注浆压力取 1.1~1.2 倍的静止水土压力,最大不超过 3.0~4.0bar。

由于从盾尾圆周上的四个点同时注浆,考虑到水土压力的差别和防止管片大幅度下沉和浮起的需要,各点的注浆压力将不同,并保持合适的压差,以达到最佳效果。在最初的压力设定时,下部每孔的压力比上部每孔的压力大 0.5~1.0bar。

(2) 注浆量

根据刀盘开挖直径和管片外径,可以按式(5-4)计算出一环管片的注浆量

$$Q = \frac{\pi}{4} \times K \times L \times (D_1^2 - D_2^2) \tag{5-4}$$

式中,Q——环注浆量(m^3);

L——环宽(m);

D_1——开挖直径(m);

D_2——管片外径(m);

K——扩大系数,取 1.3~1.8。

根据上面经验公式计算,注浆量取环形间隙理论体积的 1.3~1.8 倍,则每环(1.2m)注浆量 Q=5.0~6.7m^3。

(3) 注浆时间和速度

在不同的地层中根据不同凝结时间的浆液及掘进速度来具体控制注浆时间的长短,做到"掘进、注浆同步,不注浆、不掘进",通过控制同步注浆压力和注浆量双重标准来确定注浆时间。注浆量和注浆压力达到设定值后才停止注浆,否则仍需补浆。

同步注浆速度与掘进速度匹配,按盾构完成一环掘进的时间内完成当环注浆量来确定其平均注浆速度。

(4) 注浆结束标准及注浆效果检查

采用注浆压力和注浆量双指标控制标准,即当注浆压力达到设定值,注浆量达到设计值的 85%以上时,即可认为达到了质量要求。

注浆效果检查主要采用分析法,即根据压力-注浆量-时间曲线,结合管片、地表及周围建筑物量测结果进行综合评价。对拱顶部分采用雷达波探测法通过频谱分析进行检查,对未满足要求的部位,进行补充注浆。

5.6 二次注浆

在同步注浆填充量不足、管片漏水、地面变形过大、通过建筑物或有特殊要求的重要

地段（如下穿既有铁路或地铁线路），根据地面监测数据、地质雷达探查或其他要求，对同步注浆未能达到效果时须进行二次注浆。如图 5-10 所示，由于同步注浆填充不足，地下水从管片注浆口流出，此时必须进行二次注浆进行堵漏。

实践表明，在 3976 环衬砌中，仅存在 19 环管片渗漏水，渗漏水率不大于 0.5%，二次注浆效果较好。

图 5-10　管片渗漏水

5.7　注浆效果检验及分析

5.7.1　探测手段

目前，盾构注浆效果的检验大多使用探地雷达进行扫描，形成相应图像进行分析。本次检测所用仪器为 SIR-3000 型探地雷达，工作天线频率为 900MHz，是利用高频电磁波束的反射来探测不可见目标体或者地下界面，以确定其内部结构形态或位置。

5.7.2　注浆填充效果

（1）拱顶的管片壁后注浆密实性好于边墙，实测时间剖面图的信号较清晰，干扰较小，除 20～39 环拱顶外管片背后土层均质性较好；20～39 环拱顶管片背后，在雷达剖面上相位连续性差，反射振幅强，显示土层密实性较差，如图 5-11 所示。从图中可以看出 20～39 环里程段衬砌与围岩间脱空，甚至形成空洞。空洞的长度绝对值约为 0.4m，宽度约为 5cm，由于空洞的出现，导致岩体整体性稳定性较差。

（2）下列里程均出现管片背后电磁波的传播速度减小、反射振幅增大、多次波发育显示的异常区域，疑似存在脱空、不密实等现象。典型雷达图像如图 5-12 及图 5-13 所示。在纵向上，每隔 1m 左右出现的特征波、位置、深度都相同的干扰信号，即为环与环、块与块之间的螺栓和金属预埋件。由于受到干扰，使得纵向上的注浆位置显示受到了较大的干扰。在每两个干扰区域之间存在一个非干扰区，从此区域可以得到每环的注浆分布位置。如图 5-12 中箭头所示位置。

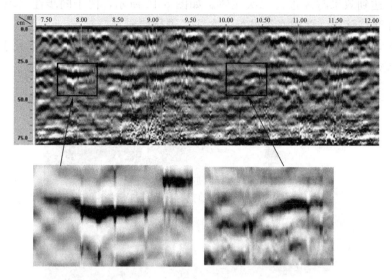

图 5-11　20～39 环 7.5～12.0m 的雷达图

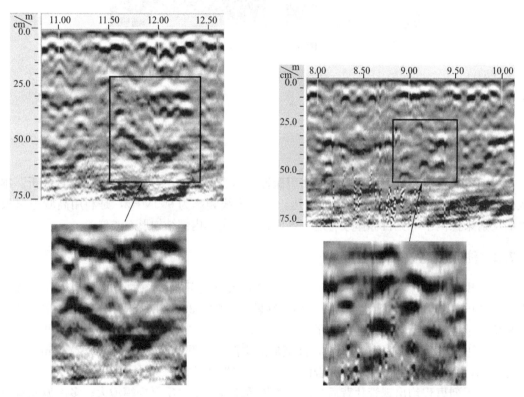

图 5-12　0～19 环拱顶 11.3～12.4m 的雷达图　　图 5-13　40～66 环拱顶 8.0～10.0m 的雷达图

纵向布置的测线主要是探测注浆体在纵向上的分布状态。由于盾构隧道在施工中穿越的地质不同，推进速度不同，对周围土体扰动不同等原因，纵向上的注浆体分布应该是不同的。试验中通过纵向布线可以发现注浆薄弱的区域。如图 5-14 所示。注浆薄弱的区域基本与岩石走向一致,岩体层理紊乱,整体性稳定性较差。由图中得出此区域的大致面积为 $0.125m^2$。

由图 5-14 可知,39.50～41.50m 范围存在多组同相轴错乱的反射波,且振幅显著增强,长度较长约为 1.75m、宽度约为 5cm 呈长方形分布且结合地质勘查资料推断此段为裂隙密集带,围岩较破碎。后经开挖验证,该处岩层呈薄层状,岩体节理裂隙发育。此段,雷达图像出现强反射界面,频率从高到低,变化显著,能量衰减较快,结合地质勘查资料推断掌子面前方为富水带,岩层内裂隙水发育。

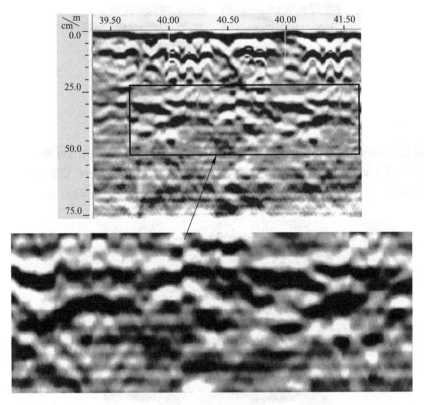

图 5-14　1199～1000 环左边墙 39.5～41.5m 的雷达图

利用探地雷达对 699～495 环探测结果进行注浆层自动识别,如图 5-15 所示。结果显示 699～495 环环壁后注浆量较少,平均厚度大约只有 9.6cm。空洞的长度已到达约 1.5～2m,图中可以清晰地看出空洞很大。经过与现场施工记录核对,该段区间在施工时出现了盾尾漏浆,即注浆层没有达到设计的厚度。

299～150 环长度范围内的管片背后断断续续存在局部脱空、不密实等现象,管片背后土层均匀性较差裂隙带通常存在于断层影响带、岩脉以及软弱夹层内,并且一般都有非均匀的充填物,介电常数与周围岩体有明显差异,这就为地质雷达探测提供了必要的应用条件。当雷达电磁波到达裂隙带时,会产生明显的反射界面,反射面附近振幅明显变化,能量团分布不均,同相轴的连线一般认为即是破碎带的位置,相对于断层裂隙带在雷达图像上表现为较窄的条带,振幅相对较高。

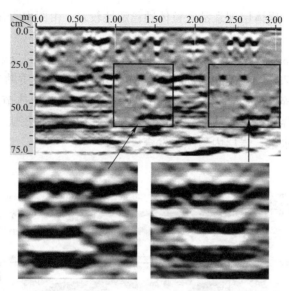

图 5-15 699～495 环左边墙 1～8m 的雷达图

在此段进行探测时，得到了如图 5-16 所示的地质雷达图像。由图可知，25.4～27.0m 范围存在多组同相轴错乱的反射波，且振幅显著增强，结合地质勘查资料推断为裂隙密集带，围岩较破碎。后经开挖验证，该处岩层呈薄层状，岩体节理裂隙发育。

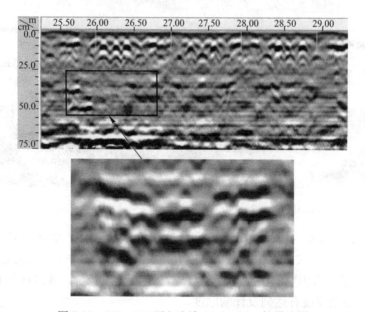

图 5-16 299～150 环左边墙 25.4～29m 的雷达图

工程总体评价：探地雷达揭示的注浆不密实可疑区域总长度少于 50m。

5.8 本章小结

（1）同步注浆材料物理、力学指标预测偏差不大于 10%，基于浆体目标性质的材料配合比预测方程精度较高。

(2) 单液快硬浆液最优配合比为：粉灰比 2.0；胶砂比 0.75；水胶比 0.8；膨水比 0.3。

(3) 探地雷达揭示的注浆不密实可疑区域总长度少于 50m 且管片渗漏水率不大于 0.5%，基于地层条件及掘进状态的同步注浆及二次注浆工艺填充效果较好。

第 6 章　盾构施工参数优化控制技术研究

宁高城际轨道交通二期工程穿越复合地层，盾构机在复合地层中与围岩的相互作用剧烈且多变，及时、定量、准确地控制盾构施工参数对于提高施工效率、保证工程质量具有至关重要的意义。然而复合地层条件下的盾构掘进参数定量优化控制研究尚属空白。所以，在参数预测和工艺优化的基础上开展盾构施工参数优化控制技术研究，对指导盾构高效掘进具有指导意义。

6.1　掘进参数优化

盾构掘进不同类型地层时，即掌子面地层分布发生改变时，盾构掘进速率与刀盘扭矩随之改变。为满足工期与设备完好率要求，需要在掘进速率与刀盘扭矩之间求得平衡，以实现在保证设备完好的条件下最大限度地挖掘设备潜能，有效提高掘进速率。所以，提出基于地质分段的盾构掘进参数控制优化方法，实现基于掘进地层参数的盾构掘进参数动态最优控制。

6.1.1　掘进效率特征值

效率，是做功和熵增的比值，反映了能量的利用程度。可以通过提出盾构掘进效率特征值，作为量化评价盾构掘进效率的基础。目前，盾构掘进性能常用贯入度、掘进速率等指标表示。这些指标从工期的角度定义了掘进性能，但是没有考虑到设备完好率对工期的影响和制约。

掘进施工中，掘进速率是一维标量，与工期负相关，与掘进时长成反比例关系，当推力一定时与功率正相关，是反映盾构掘进地层、对围岩做功的物理量。贯入度等于掘进速率除以刀盘转速，为刀盘每转动 2π 所掘进的纵向深度，反映了切削和压碎之间的运动学关系。它们都是单纯从运动学角度评价盾构掘进的特征值，也是计算盾构做功的速率标量。如果要构造出既能反映掘进快慢、又能反映设备完好率的掘进效率特征值，则需要将速率标量除以能耗标量（总推力、刀盘扭矩、功率等）。

定义 β_1 为扭矩的掘进效率特征值，如式（6-1）所示。

$$\beta_1 = \frac{v}{T} \tag{6-1}$$

定义 β_2 为功率的掘进效率特征值，如式（6-2）所示。ω 为刀盘转动角速度，n 为刀盘转速（单位为转/分钟），换算方法如式（6-3）所示。PR 为贯入度，用贯入度表示的 β_2 如式（6-4）所示。

$$\beta_2 = \frac{v}{T\omega} \tag{6-2}$$

$$\omega = \frac{2\pi n}{60} \tag{6-3}$$

$$\beta_2 = \frac{30PR}{\pi T} \tag{6-4}$$

定义 β_3 为总推力的掘进效率特征值，如式（6-5）所示。

$$\beta_3 = \frac{v}{F_t} \tag{6-5}$$

定义 β_4 为压碎与切削的掘进效率特征值，如式（6-6）所示。

$$\beta_4 = \frac{v}{TF_t} \tag{6-6}$$

以上四种掘进效率特征值均在物理意义上既反映了掘进快慢、又反映了设备能耗，然而掘进效率分析时的基础参数必须唯一，所以需要根据观察值，以单调性和线性作为标准对上述特征值进一步优选。

如图 6-1～图 6-4 所示，随着 BQ_E 的增大，β_1 近似单调递减且线性相关程度较高，β_2 呈递减趋势但线性程度低于 β_1，β_3 的单调性不明显，β_4 去除异常值后单调性较好但线性相关程度较低，β_4 观察值近似反比例函数分布。掘进效率特征值用于差异化描述盾构掘进不同地层时的掘进效率，只有既符合单调性，又具有较高的线性相关程度，才能够较好地应用于工程分级。所以，宜选用 β_1，即扭矩的掘进效率特征值，作为量化评价盾构掘进复合地层时的掘进效率特征值。

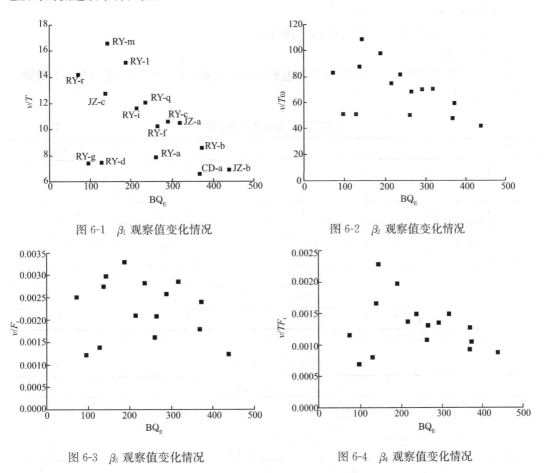

图 6-1　β_1 观察值变化情况　　　　图 6-2　β_2 观察值变化情况

图 6-3　β_3 观察值变化情况　　　　图 6-4　β_4 观察值变化情况

6.1.2 掘进参数最优控制问题

最优掘进参数的规范形式定义如式（6-7）所示。

$$\begin{aligned}
& \max \beta \\
\text{s.t.} \quad & v = f(1, n, F, P, P^3, F^{1/3}, FP, n^{1/2}F) \\
& T = g(1, n, F, P, P^3, n^2 P^{1/3}, F^{1/2}) \\
& P \in P^{\Omega i} \\
& n \in \Psi^{\Omega i} \\
& F \in \Theta^{\Omega i}
\end{aligned} \quad (6\text{-}7)$$

式中，β 为掘进速率与刀盘扭矩之比（设备运转状态），体现了掘进速率与刀盘驱动电机负载能力之间的关系。$v = f(1, n, F, P, P^3, F^{1/3}, FP, n^{1/2}F)$、$T = g(1, n, F, P, P^3, n^2 P^{1/3}, F^{1/2})$ 分别为掘进速率、刀盘扭矩预测模型。$P \in P^{\Omega i}$ 反映了不同地层 Ω 中土仓压力的差异，$n \in \Psi^{\Omega i}$、$F \in \Theta^{\Omega i}$ 分别反映了刀盘转速、刀盘扭矩及有效推力在不同地层中的波动范围。

为开展显式计算，对最优掘进参数的规范形式进行分层拆分及显式化，掘进参数控制优化控制条件如下：

(1) 控制方程

式（6-7）中，掘进速率和刀盘扭矩均取预测值。

(2) 边界条件

根据掘进参数实测值，取边界值作为边界条件，见表 6-1～表 6-3。表中 BQ_E 为等效岩体基本质量指标。

盾构驱动设备参数边界条件　　　　　　　　　　表 6-1

序号	地层断面编号	BQ_E	n (rpm)	T (MNm)
1	JZ-a	317.85	[1.2, 3.2]	[0, 3.1]
2	JZ-b	437.55	[1.2, 3.2]	[0, 3.1]
3	JZ-c	137.5	[0.5, 3.0]	[0, 2.0]
4	RY-a	260.5205	[0.8, 3.0]	[0, 2.8]
5	RY-b	371.715	[1.2, 3.2]	[0, 3.1]
6	RY-d	128.4124	[0.5, 3.0]	[0, 2.0]
7	RY-f	263.745	[0.8, 3.0]	[0, 2.8]
8	RY-g	96.25	[0.5, 3.0]	[0, 2.0]

注：盾构驱动设备参数边界条件为刀盘驱动电机运转负载极限时的刀盘转速及相应的刀盘扭矩。

掘进速率边界条件　　　　　　　　　　表 6-2

序号	地层断面编号	BQ_E	n (rpm)	F (kN)	v (mm/min)
1	JZ-a	317.85	[1.2, 3.2]	[3500, 11600]	[5, 32]
2	JZ-b	437.55	[1.2, 3.2]	[3800, 10800]	[3, 26]
3	JZ-c	137.5	[0.5, 3.0]	[4000, 10200]	[3, 40]
4	RY-a	260.5205	[0.8, 3.0]	[4000, 12200]	[3, 30]

第6章 盾构施工参数优化控制技术研究

续表

序号	地层断面编号	BQ$_E$	n (rpm)	F (kN)	v (mm/min)
5	RY-b	371.715	[1.2, 3.2]	[5500, 14500]	[3, 34]
6	RY-d	128.4124	[0.5, 3.0]	[5000, 13600]	[2, 33]
7	RY-f	263.745	[0.8, 3.0]	[4000, 13400]	[6, 42]
8	RY-g	96.25	[0.5, 3.0]	[6500, 14500]	[5, 30]

土仓压力边界条件　　　　　　　　表 6-3

序号	地层断面编号	BQ$_E$	P (bar)
1	JZ-a	317.85	[0.1, 0.8]
2	JZ-b	437.55	[0, 1.1]
3	JZ-c	137.5	[0, 3.0]
4	RY-a	260.5205	[0, 1.9]
5	RY-b	371.715	[0, 1.1]
6	RY-d	128.4124	[0, 2.9]
7	RY-f	263.745	[0, 1.9]
8	RY-g	96.25	[0.6, 3.0]

6.1.3　网格划分与计算

一般形式的非线性最优控制问题通常没有理论解，需要用数值计算方法（简称计算方法）获得近似解。

最优控制问题的计算方法可以追溯到 20 世纪 50 年代，直接发源于极大值原理和动态规划理论。本问题影响因素均已量化且边界较明确，宜采用线性等分获得待选掘进参数最优值网格，对网格节点进行穷举法逐步运算。本方法不需要取初始值，得到结果为一定步长下的全局最优解。

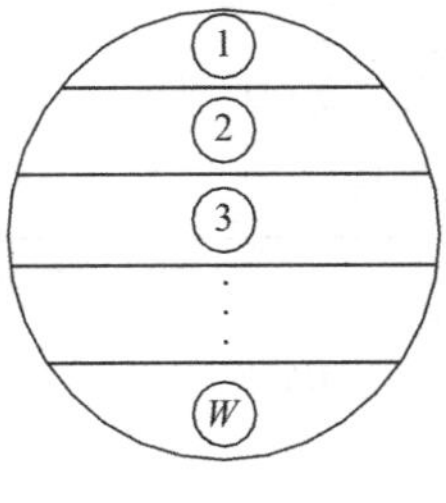

最优控制目标 v/T 的实现，是最优掘进参数计算方法的基础。首先，提出地层断面分布假定，如图 6-5 所示，地层序号自浅至深为①、②、③…Ⓦ，相应各地层断面面积为 $S^①$、$S^②$、$S^③…S^Ⓦ$。在不同类型掌子面中，根据掌子面地层分布情况计算掌子面 BQ$_E$，根据第 3.2 节中的步骤及安山岩地层方程系数经验值进行查图法作业，得到适用于不同类型掌子面的掘进速率和刀盘扭矩预测方程。在本工程中，组成典型复合地层的各均质地层详情见表 6-4。

图 6-5　复合地层一般性地层断面分布假定

掘进效率特征值的预测值 $\hat{\beta}$ 如式（6-8）所示。

宁高项目地层断面分布　　　　　　　　表 6-4

序号	地层	地层 BQ	地层断面面积
①	J31-2	137.5	S^{J31-2}
②	J31-3r	283.14	S^{J31-3r}
③	J31-3p	317.85	S^{J31-3p}
④	J3l-3	437.55	S^{J31-3}

$$\beta^* = \frac{l_1 n + l_2 F + l_3 P + l_4 P^3 + l_5 F^{1/3} + l_6 FP + l_7 n^{1/2} F + l_8}{k_1 n + k_2 F + k_3 P + k_4 P^3 + k_5 n^2 P^{1/3} + k_6 F^{1/2} + k_7} \tag{6-8}$$

特别地，对于宁高线的8种典型地层，$\hat{\beta}$ 的计算式分别见表6-5。

各地层 β 计算详式　　　　　　　表6-5

断面编号	$\hat{\beta} = \dfrac{v}{T}$ 计算式
JZ-a	$\dfrac{v}{T} = \dfrac{\begin{bmatrix} 28.220n + 0.020F + 57.802P - 78.274P^3 \\ -2.028F^{1/3} - 0.004FP - 0.0015n^{1/2}F + 0.191 \end{bmatrix}}{\begin{bmatrix} -2.077n + 0.001F + 1.696P - 12.081P^3 \\ +0.330n^2 P^{1/3} + -0.096F^{1/2} + 7.427 \end{bmatrix}}$
JZ-b	$\dfrac{v}{T} = \dfrac{\begin{bmatrix} 0.162n + 0.001F - 19.339P - 8.436P^3 \\ -2.3F^{1/3} + 0.003FP - 0.001n^{1/2}F + 54.996 \end{bmatrix}}{\begin{bmatrix} -0.298n - 7E-5F + 1.231P - 0.948P^3 \\ -0.246n^2 P^{1/3} + 0.027F^{1/2} + 0.296 \end{bmatrix}}$
JZ-c	$\dfrac{v}{T} = \dfrac{\begin{bmatrix} 41.907n + 0.012F + 9.656P - 0.497P^3 - 1.242F^{1/3} \\ +5.87E-5FP - 0.012n^{1/2}F - 9.198 \end{bmatrix}}{\begin{bmatrix} -2.454n - 0.001F - 0.672P - 0.039P^3 \\ +0.809n^2 P^{1/3} + 0.137F^{1/2} - 1.779 \end{bmatrix}}$
RY-a	$\dfrac{v}{T} = \dfrac{\begin{bmatrix} 33.890n + 0.011F + 26.837P - 3.556P^3 \\ -4.913F^{1/3} - 0.002FP - 0.007n^{1/2}F + 34.365 \end{bmatrix}}{\begin{bmatrix} -0.270n + 0.002F - 0.205P + 0.220P^3 \\ +0.078n^2 P^{1/3} + 0.069F^{1/2} - 1.266 \end{bmatrix}}$
RY-b	$\dfrac{v}{T} = \dfrac{\begin{bmatrix} 21.647n + 0.010F - 18.745P - 3.415P^3 \\ -0.633F^{1/3} + 0.003FP - 0.009n^{1/2}F - 0.034 \end{bmatrix}}{\begin{bmatrix} -0.535n - 7E-5F + 1.070P - 1.961P^3 \\ -0.101n^2 P^{1/3} + 0.036F^{1/2} - 0.168 \end{bmatrix}}$
RY-d	$\dfrac{v}{T} = \dfrac{\begin{bmatrix} 46.633n + 0.026F + 5.324P + 0.943P^3 \\ -14.170F^{1/3} - 0.001FP + 0.002n^{1/2}F + 78.567 \end{bmatrix}}{\begin{bmatrix} 2.541n - 0.001F - 0.347P + 0.108P^3 \\ -1.077n^2 P^{1/3} + 0.169F^{1/2} - 7.059 \end{bmatrix}}$
RY-f	$\dfrac{v}{T} = \dfrac{\begin{bmatrix} 12.925n + 0.009F + 37.313P - 5.207P^3 \\ -7.882F^{1/3} - 0.003FP - 0.002n^{1/2}F + 99.107 \end{bmatrix}}{\begin{bmatrix} -0.702n + 0.123P - 0.241P^3 \\ +0.130n^2 P^{1/3} - 0.028F^{1/2} + 3.332 \end{bmatrix}}$
RY-g	$\dfrac{v}{T} = \dfrac{\begin{bmatrix} 11.319n + 0.019F + 20.456P + 1.660P^3 \\ -20.878F^{1/3} - 0.003FP - 0.002n^{1/2}F + 283.302 \end{bmatrix}}{\begin{bmatrix} -9.828n - 0.001F - 2.666P + 0.087P^3 \\ +3.365n^2 P^{1/3} + 0.165F^{1/2} + 1.913 \end{bmatrix}}$

将 p^Ω、Θ^Ω、Ψ^Ω 分别作为空间直角坐标系相互正交的 x、y、z 坐标轴上的定义域，得到 $\hat{\beta}$ 的空间定义域。

将符合各地层掘进参数边界条件的掘进参数转化为网格，如图6-6所示。网格采用均匀划分，取边界条件作为网格坐标的端点值。如图6-7所示，网格中各结点代表自变量组 (n, P, F)，在自变量空间内均匀取网格节点并记录相应的自变量值。

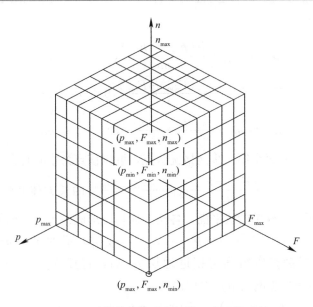

图 6-6 最优控制算法空间第一步网格示意

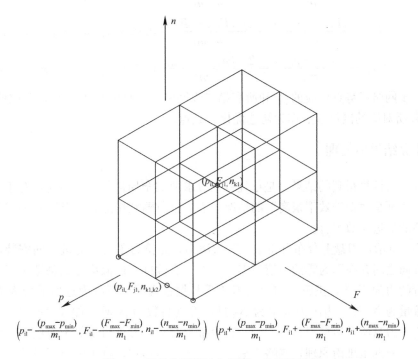

图 6-7 最优控制算法空间第二步网格示意

建立第一步网格，分别将 p^Ω、Θ^Ω、Ψ^Ω 作 m_1 等分并在所有等分点处作等分点所在坐标轴的法平面，各法平面相交形成 β^* 空间定义域的第一步网格，任意一个第一步网格节点 $(p_{i_1}, F_{j_1}, n_{k_1})$ 满足式 (6-9)、式 (6-10)、式 (6-11)。根据地层勘查资料确定掘进地层 R_c 后，将点 $(p_{i_1}, F_{j_1}, n_{k_1})$ 代入式 (6-8)，得到 β^* 的空间定义域内各第一步网格节点对应的 β^*。将 β^* 的空间定义域内各第一步网格节点对应的 β^* 按大小降序排列，得第一步网格节点 β^* 数列。取第一步网格节点 β^* 中最大的前 20% 的 β^* 所对应的网格节点作为第一步网格优势点。

$$p_{i_1} = p_{\min} + \frac{i_1(p_{\max} - p_{\min})}{m_1}, 0 \leqslant i_1 \leqslant m_1 \qquad (6\text{-}9)$$

$$F_{j_1} = F_{\min} + \frac{j_1(F_{\max} - F_{\min})}{m_1}, 0 \leqslant j_1 \leqslant m_1 \qquad (6\text{-}10)$$

$$n_{k_1} = n_{\min} + \frac{k_1(n_{\max} - n_{\min})}{m_1}, 0 \leqslant k_1 \leqslant m_1 \qquad (6\text{-}11)$$

建立第二步网格，对每个第一步网格优势点，取以该点为中心且在 x、y、z 轴投影长度分别为 $\frac{2(p_{\max} - p_{\min})}{m_1}$、$\frac{2(F_{\max} - F_{\min})}{m_1}$、$\frac{2(n_{\max} - n_{\min})}{m_1}$ 的长方体并将长方体各边作 m_2 等分，作各等分点所在坐标轴的法平面，各法平面相交形成该第一步网格优势点的第二步网格，任意一个第二步网格节点（p_{i_1,i_2}，F_{j_1,j_2}，n_{k_1,k_2}）满足式（6-12）、式（6-13）、式（6-14）。根据地层勘查资料确定掘进地层 R_c 后，将点（p_{i_1,i_2}，F_{j_1,j_2}，n_{k_1,k_2}）代入式（6-8），得到所有第二步网格节点对应的 β^*。

$$p_{i_1,i_2} = p_{i_1} - \frac{(p_{\max} - p_{\min})}{m_1} + \frac{2i_2(p_{\max} - p_{\min})}{m_2 m_1}, 0 \leqslant i_1 \leqslant m_1, 0 \leqslant i_2 \leqslant m_2 \qquad (6\text{-}12)$$

$$F_{j_1,j_2} = F_{j_1} - \frac{(F_{\max} - F_{\min})}{m_1} + \frac{2j_2(F_{\max} - F_{\min})}{m_2 m_1}, 0 \leqslant j_1 \leqslant m_1, 0 \leqslant j_2 \leqslant m_2 \qquad (6\text{-}13)$$

$$n_{k_1,k_2} = n_{k_1} - \frac{(n_{\max} - n_{\min})}{m_1} + \frac{2k_2(n_{\max} - n_{\min})}{m_2 m_1}, 0 \leqslant k_1 \leqslant m_1, 0 \leqslant k_2 \leqslant m_2 \qquad (6\text{-}14)$$

将第一步网格优势点对应的 β^* 和所有第二步网格节点对应的 β^* 汇总，并取所有 β^* 最大的前 10% 所对应的网格节点作为初选优化参数点。

6.1.4 计算结果后处理

网格划分与计算得到的结果，是单纯针对 $\hat{\beta}$ 求取的全局最优解。然而，对于"刀盘扭矩和掘进速率都小而掘进效率很高"的情况，需要进行甄别排除，才能得到掘进效率高且掘进速率高的掘进参数组合。

如图 6-8 所示，刀盘上分布有正滚刀和边滚刀，正滚刀平行于掘进方向安装，而边滚刀与掘进方向之间存在不为零的边滚刀安装角度。有效推力近似均分到每把滚刀上的与掘进方向平行的力为 F/N，正滚刀和边滚刀所受与掘进方向平行的力近似平均为 F/N，其中正滚刀数量为 N_{fc} 具，边滚刀数量为 N_{lc} 具，刀具总数为 N 具，如式（6-15）所示。根据力的平衡，刀盘所受地层阻力合力等于有效推力合力，刀盘扭矩等于地层阻力对刀盘主轴的合力矩，根据圣维南原理，忽略正滚刀的具体排布形式，将正滚刀所受的刀盘扭矩总和近似为 $\lambda\mu(FN_{fc}/N)R/2$，刀盘扭矩可近似为有效推力在刀具与掌子面岩石之间产生的咬合力与摩阻力的合力矩，如式（6-16），R 为正滚刀最大安装半径，r_w 为第 w 具边滚刀的安装半径，θ_w 为第 w 具边滚刀的安装角度，μ 为钢铁与地层之间的摩擦系数，λ 为经验修正系数。

$$N = N_{fc} + N_{lc} \qquad (6\text{-}15)$$

$$T = \lambda\mu\left[(FN_{fc}/N)R/2 + \sum_{w=1}^{N_{lc}} Fr_w\cos\theta_w/N\right] \qquad (6\text{-}16)$$

第 6 章　盾构施工参数优化控制技术研究

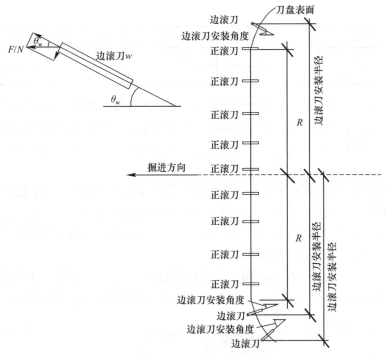

图 6-8　滚刀扭矩计算简图

根据式（6-1），则掘进速率待判定值 v^* 如式（6-17）所示。

$$v^* = \beta^* \times \lambda\mu\left[(FN_{\mathrm{fc}}/N)R/2 + \sum_{w=1}^{N_{\mathrm{lc}}}Fr_{\mathrm{w}}\cos\theta_{\mathrm{w}}/N\right] \tag{6-17}$$

将初选优化参数点的刀盘转速 n、土仓压力 p、有效推力 F 代入式（6-17）得该点对应的 v^*，对各初选优化参数点逐个计算对应的 v^*，取 v^* 最大时的初选优化参数点的掘进参数作为优化后掘进参数。对宁高线的典型地层的掘进参数优化及后处理计算结果见表 6-6。

根据现场实测数据对表 6-6 进行修正，结合工程岩体分级标准，进行最优掘进参数的地层分类及分级简化，方便盾构机操作人员进行参数控制，见表 6-7。

各地层最优掘进参数　　　　　　　　　　　　　　　　　表 6-6

断面编号	BQ_E	BQ_E升序排名	n (rpm)	F (kN)	P (bar)	T (MN·m)	v (mm/min)
JZ-a	317.85	6	1.63	5535	0.32	3.04	19.16
JZ-b	437.55	8	1.77	8185	0.21	1.43	7.24
JZ-c	137.5	3	1.7	6452	2.58	(1.17)	32.75
RY-a	260.5205	4	1.88	6107	1.08	1.44	28.15
RY-b	371.715	7	1.41	7934	0.35	1.92	14.04
RY-f	263.745	5	1.35	8140	0.69	(1.26)	19.44
RY-g	96.25	1	1.25	9073	2.54	(1.12)	24.12

注：表内刀盘扭矩一列中，带（）的值为按式（6-16）计算得到。

复合地层最优掘进参数　　　　　　　　　　　　　　　　表 6-7

序号	BQ_E 范围	n (rpm)	F (kN)	P (bar)	T (MN·m)	v (mm/min)
1	[0, 150]	1.5	10500	2.5	2.2	27
2	[150, 250)	1.3	9500	1.5	2.2	25
3	[250, 300)	1.5	8000	0.8	2.0	19

续表

序号	BQ$_E$范围	n (rpm)	F (kN)	P (bar)	T (MN·m)	v (mm/min)
4	[300, 400)	1.6	8000	0.3	1.8	16
5	>400	1.8	7500	0.2	1.7	<13

现场经验表明，表 6-6 及表 6-7 中的同一行内掘进参数组合往往难以同时实现，刀盘转速、有效推力、土仓压力的控制较为准确，但刀盘扭矩、掘进速率时刻波动，需要操作人员密切注视掘进速率和刀盘扭矩不超预警值，并通过动态调节使各掘进参数围绕上述参考值小范围变化。

搜索步长越短，则计算时间越长。优化计算采用双层取点搜索，为了提高掘进参数优化计算的时效性。方便在工程中应用，取 n、F、P 的搜索步长为 5%，此时输出的计算结果（T）为间隔小于 0.1MNm 的浮点数，输出值小于实际操作中掘进参数的旋钮控制精度（约 0.2～0.5MNm），满足实际要求。

为了方便工程技术人员现场运用，相应的程序已经编制并封装。计算程序基于 Python3.7，通过窗口输入进行调用。相关界面及运行情况如图 6-9～图 6-11 所示。

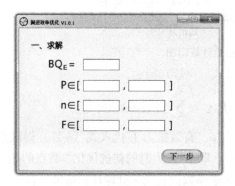

图 6-9 输入窗口

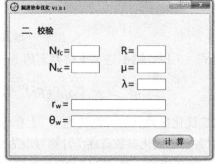

图 6-10 后处理窗口

图 6-11 运行过程截图

6.2 辅助工法施工参数优化

盾构掘进高强度富水复合地层，盾构掘进断面在空间和时间上变化剧烈，不同地层断面的 BQ_E 差别明显。盾构掘进中产生的渣土物理性质、渣土方量及涌水情况存在差异，需要选择合理的渣土改良施工参数及泡沫剂配比。随着围岩等级的变化，隧道成型管片与围岩间的空隙形态与孔隙水、裂隙水的分布存在差异，需要优化同步注浆及二次注浆工艺，在保证施工质量的同时减少盾构掘进对周边环境的影响。根据第 4 章及第 5 章试验研究结论，考虑地层差异的同步注浆及渣土改良的材料配比及施工参数见表 6-8。

辅助工法最优施工参数　　　　表 6-8

序号	BQ_E	泡沫剂兑水率（%）	发泡后泡沫体积掺量（%）	同步注浆材料质量配比（kg）（水泥-粉煤灰-膨润土-细砂-水）	注浆压力（bar）	每环注浆量（m³）
1	[0, 150]	3	40	141.3-282.6-134.3-744-446.7	3~4	>6.5
2	[150, 250)	3	40	141.3-282.6-134.3-744-446.7	2~4	>6.5
3	[250, 300)	3	40	141.3-282.6-134.3-744-446.7	2~4	>6
4	[300, 400)	3	9	141.3-282.6-134.3-744-446.7	2~4	5~6
5	>400	3	9	141.3-282.6-134.3-744-446.7	2~4	5~6

6.3 本章小结

（1）最优控制定量计算方法可用于分析盾构掘进复合地层的掘进参数优化，计算原理明确，参数选取及计算方法可行、直观。

（2）最优掘进参数在不同地质条件下存在差异，可以选取等效岩体基本质量指标作为最优控制区分指标，有效提高了最优掘进参数的地层适应性。

（3）最优控制参数有效提高了掘进效率，显著降低了施工成本，对今后类似工程的施工组织具有借鉴意义。

第 7 章 结论与应用效果

本课题以宁高城际轨道交通二期（剩余段）土建施工 NG-TA01 标段盾构区间为背景，通过对盾构掘进参数、渣土改良工艺优化、注浆材料物理力学指标等一系列的定量预测、优化、实施等过程及施工测量控制工法创新等方面进行研究，形成了成功的土压平衡式盾构机穿越长距离、高强度复合地层施工方法，保证了盾构施工的进度和质量，为以后同类型复合地层盾构隧道施工提供一定的参考依据。

7.1 结论

（1）盾构穿越复合地层时，盾构机性能指标应与地质条件相匹配。针对掘进地层坚硬程度分布不均、透水性分段变化的特点，应选用土压平衡式盾构。结合工程经验，根据地层参数设定设备容许承载能力，进而选取合适的刀盘、刀具及机电设备，是一种合理、可行的盾构选型方法。

（2）等效岩体基本质量指标（BQ_E）能够量化复合地层围岩物理、力学性质差异。刀盘扭矩及掘进速率预测模型具有一定的普适性，预测精度较高。预测模型系数与等效岩体基本质量指标间存在相关性，可以通过图解法定量分析预测模型的地层适应性。

（3）盾构掘进产生的渣土的颗粒级配与地层完整性相关，导致渣土改良工艺在完整性不同的地层中存在差异。全风化、强风化复合地层中，改良富水渣样（重力含水率16%～18%）的泡沫剂发泡后的最优体积掺入量为40%；中等风化复合地层中，泡沫剂发泡后的最优体积掺入量为9%，此时泡沫剂主要起到润滑渣土颗粒的作用。

（4）单液快硬浆液对复合地层的适应性较好，相应的性能指标预测方程预测精度较高，可用于指导浆液配合比设计。

（5）修正优化后的盾构掘进高强度复合地层最优施工参数，如表 7-1 所示。

盾构掘进安山岩复合地层施工参数建议值 表 7-1

序号	BQ_E	最优掘进参数					渣土改良		注浆		
		n (rpm)	F (kN)	P (bar)	T (MNm)	v (mm/min)	泡沫剂浓度 (%)	发泡后泡沫体积掺入量 (%)	同步注浆材料质量配比 (kg) (水泥-粉煤灰-膨润土-细砂-水)	注浆压力 (bar)	每环注浆量 (m^3)
1	[0, 150]	1.5	10500	2.5	2.2	27	3	40	141.3-282.6-134.3-744-446.7	3～4	>6.5
2	[150, 250)	1.3	9500	1.5	2.2	25	3	40	141.3-282.6-134.3-744-446.7	2～4	>6.5
3	[250, 300)	1.5	8000	0.8	2.0	19	3	40	141.3-282.6-134.3-744-446.7	2～4	>6
4	[300, 400)	1.6	8000	0.3	1.8	16	3	9	141.3-282.6-134.3-744-446.7	2～4	5～6
5	>400	1.8	7500	0.2	1.7	<13	3	9	141.3-282.6-134.3-744-446.7	2～4	5～6

7.2 应用效果

(1) 盾构刀盘、刀具、机电设备等选型合理,隧道施工顺利完成。

(2) 掘进速率与刀盘扭矩的预测偏差较小,预测模型对均质地层及复合地层均有较好的拟合精度。

(3) 富水渣样(重力含水率16%~18%)在泡沫剂发泡后的体积掺入量40%时,改良后的渣土混合物坍落度值范围在180~230mm,达到较好的流塑状态。

(4) 同步注浆材料物理、力学指标预测偏差不大于10%。基于地层条件及掘进状态的同步注浆及二次注浆工艺填充效果较好。

(5) 隧道贯通限差测量合格率96%以上,长距离盾构隧道贯通限差控制技术精度高,操作简便。

(6) 隧道全程仅1处地表沉降累计值超过预警值,经处理后24h内日变化速率低于预警值,复合地层条件下的地表沉降控制技术可靠、可行。

(7) 泥渣分离技术解决了环保、文明施工问题,并产生节能环保效益。

(8) 基于最优控制算法的盾构掘进复合地层最优施工参数,在提高盾构掘进效率、降低施工成本方面效益明显。

复杂地层条件下的盾构法施工,缺乏国家级施工工法的科学指导。因此,还需结合我国地下轨道交通工程的实际特点,进一步开展关于复杂地层条件下盾构法施工技术的研究,进一步加强施工过程中的流程化、系统化和规范化研究,形成规程规范,为盾构施工与工程设计积累参数并提供指导,提高我国城市轨道交通工程的建设效率和安全性。

附录 A 掘进参数预测值与实测值间对比

（1）刀盘扭矩分段统计及预测值与实测值间对比，如图 A-1 所示。

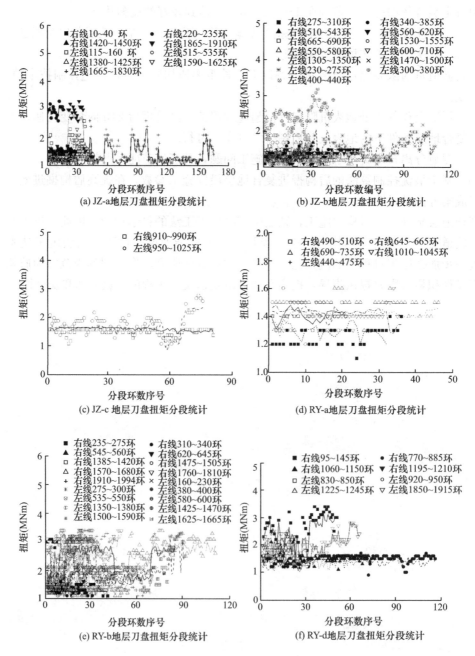

(a) JZ-a 地层刀盘扭矩分段统计
(b) JZ-b 地层刀盘扭矩分段统计
(c) JZ-c 地层刀盘扭矩分段统计
(d) RY-a 地层刀盘扭矩分段统计
(e) RY-b 地层刀盘扭矩分段统计
(f) RY-d 地层刀盘扭矩分段统计

附录 A 掘进参数预测值与实测值间对比

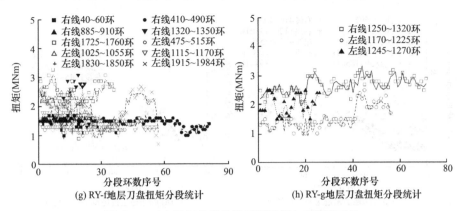

图 A-1 刀盘扭矩分段统计及预测值与实测值对比

（2）掘进速率分段统计及预测值与实测值间对比，如图 A-2 所示。

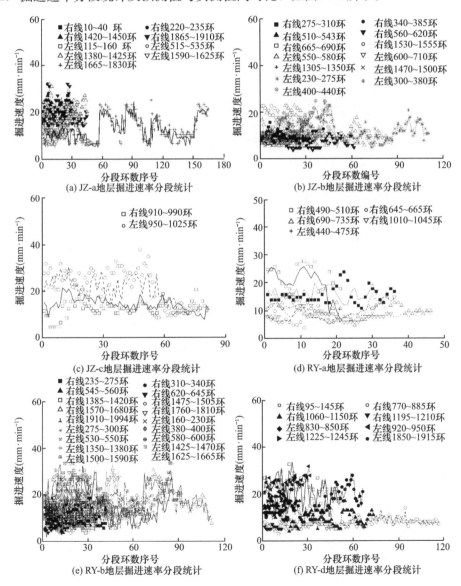

115

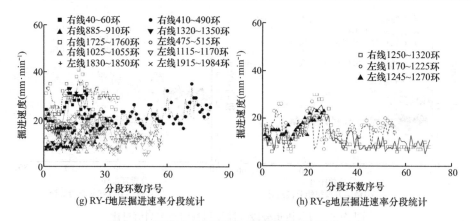

图 A-2 掘进速率分段统计及预测值与实测值对比

附录 B 地质条件与勘察资料存在出入时的处理措施

B.1 总则

盾构施工连续掘进，掘进参数预测所需的各自变量最好能够即测即用，而现有方法如单轴压缩实验、岩体声波波速试验等测算依赖于成套测试装备，测算过程复杂，不适用于施工单位现场测算判别，钻孔取芯成果不能及时应用于指导现场施工。

因此，针对以上缺陷，当现场掘进发现围岩与勘察资料的推算围岩条件存在出入时，应当及时钻孔补勘，并用以下的方法来对钻孔芯样进行现场量化判别，为掘进参数预测和优化提供地质参数，有利于现场施工管理人员快速做出决策以提高掘进速率。

B.2 主要步骤

（1）获取钻孔岩芯岩石破碎程度指标 RD

定义钻孔岩芯岩石破碎程度指标 RD，RD 越大岩芯越破碎，如式（B-1）。

$$RD = \frac{\sum_{i=1}^{n} d_i^2}{L^2} \times 100\% \tag{B-1}$$

其中 RD 为岩石破碎程度指标，L 为钻孔取芯总长度，i 为同种地层内各岩芯段按照取样深度由 1 开始从浅到深编号，n 为所有岩芯段的总个数，d_i 为同种地层内编号为 i 的岩芯段长度。

指标 RD 能够更加准确区分岩石破碎程度，运用 RD 指标则能更好地体现出 RQD 指标（岩石质量指标）值相同时所取岩芯破碎程度的差异性。现行规范中 RQD 指标评价岩体破碎程度存在缺陷，例如两次取芯总长都为 1m 的岩芯，其中一个岩芯的岩芯段分别为 10cm、90cm，另一个岩芯的岩芯段分别为 5cm、5cm 和 90cm，运用现行规范中的公式进行计算后 RQD 结果相同均为 90%，若按照 RQD 指标来判定则表明它们破碎程度是相同的，但实际这两次所取岩芯破碎程度明显不同，一种是破碎成 2 段，一种是破碎成 3 段。而这两次取样 RD 值分别为 82%、81.5%，后者 RD 值小于前者，后者的完整程度小于前者，破碎成 3 段的 RD 值小于破碎成 2 段的 RD 值，这更符合实际情况，因此 RD 指标值的差异能够合理区分 RQD 指标相同时岩芯完整程度的现实情况。

（2）统计各地层 BQ 值和岩渣点荷载强度 $I_{s(50)}$

根据工程勘察资料统计岩体完整性指标 k_v、岩石饱和单轴抗压强度 R_c，并计算对应的岩体基本质量指标（BQ）值。

在皮带输送机上取得掘进时掌子面被破碎形成的岩渣，获取岩渣点荷载强度 $I_{s(50)}$。点荷载试验不需要对试样进行打磨等处理，可将点荷载仪安置于盾构机内，对采取的岩块进行即采即测。

(3) 获取 RD 和 $I_{s(50)}$ 之间的经验关系公式

为了选择适合 RD 和 $I_{s(50)}$ 的函数形式，对来自单轴抗压试验取样孔位所在环的岩渣试块实测数据作五种曲线形式的回归分析[33,34]，分别按照 $I_{s(50)}=a+bRD$、$1/I_{s(50)}=c/RD+d$、$I_{s(50)}=e/RD+f$、$I_{s(50)}=\exp(gRD^h)$、$I_{s(50)}=q\log(RD)+w$ 的形式构造 RD 和 $I_{s(50)}$ 之间的经验关系式，并用实测值进行拟合。

对比五种函数的回归分析结果，直线关系的拟合度最高，回归效果最佳，故将其作为 RD 和 $I_{s(50)}$ 之间的关系，如式（B-2）。a、b 为系数，相似围岩条件下不同工程的系数之间变异较大，宜针对具体工程用步骤一～步骤三现场实测。

$$I_{s(50)} = a + bRD \tag{B-2}$$

(4) 构建 RH 指标

根据 (3) 的结论，建立 BQ、RD 和 $I_{s(50)}$ 之间的经验计算公式模型 $\hat{y}=t_1\times RD+t_2\times I_{s(50)}+t_3$，以 BQ 为应变量样本值 y，以相应地层的 RD、$I_{s(50)}$ 为自变量样本值，t_1、t_2、t_3 分别为方程系数，对实测数据作多元线性回归分析。其中，$\hat{y}$ 为勘查取样孔位所在环的应变量样本值 y 的预测值，重新定义 $\hat{y}$ 为均质地层的现场岩体掘进难度指标 RH，以区别根据 k_v 和 R_c 计算得到的 BQ。

(5) 计算复合地层全断面现场岩体掘进难度指标 RH_f

地勘报告对地层分布的判断结果，是以相邻勘察孔之间地层分界线为直线作为前提的。然而，根据现场补勘和掘进反馈，勘察资料纵断面图揭示的地层分界线往往并非直线，且掌子面内风化程度越多样、地层数量越多，地层分界线在掘进轴线上的非线性变化程度越强。所以，有必要根据补勘和渣样统计结果，对基于工程勘察资料的地质分段及 BQ_B 进行动态修正。

矿山法施工时，掌子面裸露，方便施工人员及时判断围岩分层情况；土压、泥水式盾构不开仓掘进时，可以通过渣土性状观察、掌子面视频分析手段进行掌子面地层组成的识别。对于未搭载掌子面视频监控设备的盾构机，可以采用以下方法进行掌子面地层组成的动态修正：

1) 补勘孔处地层分层情况修正

直接根据岩芯的颜色、坚硬程度、风化程度等进行掌子面深度范围内的地层重新分层划分。

2) 无补勘环的地层分层情况修正

① 对渣土试块的点荷载强度进行统计，得到点荷载强度——岩块数量统计散点图。

② 将点荷载强度排序与原地勘报告中地层坚硬程度排序相对照，以岩块数量占比等效为投影断面面积在掌子面中的面积占比，得到粗略的地层分布。

③ 若重新划分后的地层组成情况和地勘报告中的差异较大，则返回重新划分后的地层组成情况；若差异较小，则返回地勘报告中的地层组成。

④ 根据地层组成坚硬程度，按照补勘资料中相应地层的 RD 进行赋值，但点荷载强度取对象环的实测值。

无补勘环的地层分层情况修正，由于并没有对象环的 RD 实测值，所以仅用于实测掘进参数与按照 BQ_B 预测优化得到的掘进参数之间差异极大，且未来得及进行钻孔补勘的情况下对地层情况进行粗略的估计。补勘孔处地层分层情况修正有取芯资料作为验证，结果

附录 B 地质条件与勘察资料存在出入时的处理措施

较为精确。

根据工程地质勘察报告，在盾构穿越过程中将盾构掘进掌子面地层组成相同并且各地层面积占比相同的部分归为同一地质分段，如图 B-1 所示。定义该地质分段的复合地层全断面现场岩体掘进难度指标 RH_f，如公式（B-3）。

$$RH_f = \frac{\sum_{m=1}^{n}(RH_m \times S'_m)}{S_0} \quad \text{(B-3)}$$

其中 S_0 为掌子面全断面面积；掌子面由若干均质地层组成，RH_m、S'_m 分别为掌子面内某一均质地层的现场岩体掘进难度指标、投影断面面积（修正过后的）；n 为组成掌子面的均质地层的层数数量。

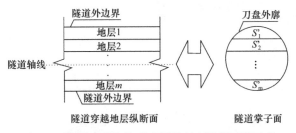

图 B-1 掌子面内各均质地层横断面投影面积示意

（6）现场处理流程

如图 B-2 所示，根据钻孔取样得到掌子面内各地层的 RD 值，根据工程地质勘察报告及补勘资料得到了掌子面内各地层横断面面积 S_m（S'_m），现场掘进能得到渣土采样，从而得到点荷载强度 $I_{s(50)}$，通过前述步骤计算得到掌子面对应的 RH_f；同时现场掘进也能得到各掘进参数的实测值。

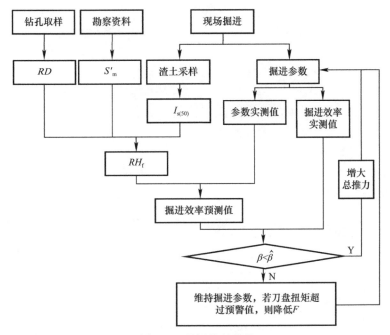

图 B-2 现场处理流程

对比掘进效率的实测值和预测值大小，如果掘进效率实测值 β 小于预测值 $\hat{\beta}$，表明实际掘进效率偏低，则提醒驾驶员增大总推力来提高掘进效率；如果掘进效率实测值不小于预测值，则继续维持现有掘进参数，或根据刀盘扭矩实测值波动情况适当上调总推力，若刀盘扭矩超过预警值则降低总推力。

附录 C　长距离盾构隧道贯通限差控制技术

通过对长距离盾构隧道贯通限差控制技术根据线路转弯引起的衬砌环扭转的力学机理进行分析验证，预算成型环管片后期变化，提前做出相应导向姿态控制，避免后期变化造成成型环管片侵线。与传统的盾构测量控制相比，该工法人力投入小，测量精度高，施工速度快，施工安全，大大提高技术经济效益。

C.1　原理及流程

根据地上导线、地下导线、联系测量的方法控制，提高测量控制精度，对线路转弯引起的衬砌环扭转的力学机理进行分析验证，从而得出后期变化的预判值，在施工过程中做出相应姿态调整，确保隧道贯通符合要求。

测量控制操作流程如图 C-1 所示。

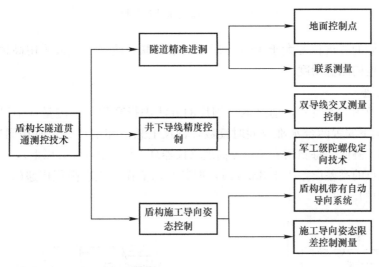

图 C-1　工艺流程图

（1）隧道精准进洞

1）地面控制点

地面控制网选择接收和始发共六个控制点，控制点均为强制观测墩，采用 GPS 测得控制点成果，与隧道形成整体控制网，测量精度吻合性高。

2）联系测量

① 准备工作

精心选择定向用的辅助设备和材料：一井定向所用的辅助材料主要包括定向钢丝，垂球，高黏稠度齿轮油，油桶，棱镜贴纸等。

② 联系三角形测量

在井筒中自由悬挂两根弦丝线，为使弦丝保持稳定以利观测，其下端悬挂一重锤，并浸入稳定液中（图C-2），A、T 为井上控制点，A'、T' 为井下控制点。为了避免温度和折射对全站仪的系统误差影响，在外业观测时，全站仪要有遮阳伞遮阳，且要进行三次不同时间段独立的观测，最后取平均值作为该成果。

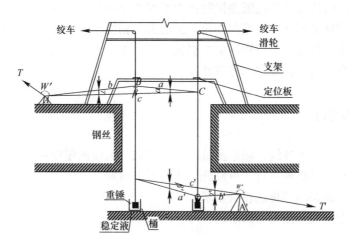

图 C-2 弹性支座底座外观及尺寸

贯通面一侧的隧道长度大于 1500m 时，应增加联系测量次数或采用高精度联系测量方法等，提高定向测量精度。

③ 高程传递

如图 C-3 及图 C-4 所示，通过悬吊钢尺的方法进行高程传递测量（钢尺通过专业鉴定），地上和地下安置两台水准仪同时读数，钢尺上悬吊和钢尺鉴定时相同质量的重锤。每次独立观测三测回，每测回变动仪器高度（仪器高差要求在 10cm 以上），三测回测得地上和地下水准点的高差误差小于 3mm 时，取其平均值作为该次高程传递的成果（若结果超限再重新测量）。

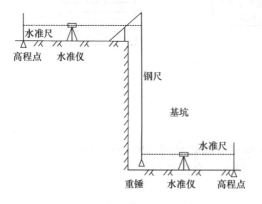

图 C-3 高程传递测量示意

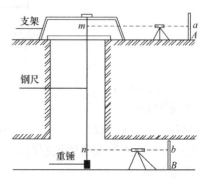

图 C-4 钢尺导入法示意

(2) 井下导线精度控制

1) 双导线交叉控制测量

如图 C-5 所示，本项目是 2390m 长距离隧道控制技术，控制点宜采用强制观测盘，并交叉设置在距隧道内壁 1m 的位置，避开折光、热源、淋水，在直线段上尽量拉长侧边边长，减少测站数，两条导线交叉同时以支导线的方法测量，最后两条导线闭合同一点，相互复合，圆周角闭合差不得大于 2.5″，比传统的方法提高了测量精度和工作效率。

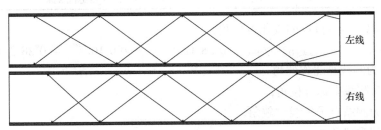

图 C-5　双导线交叉测量

2) 军工陀螺仪定向技术

本项目为例陀螺方位角测量采用 GYROMAT3000/TC1201＋高精度陀螺经纬仪（3″级）及配套设备。在隧道贯通 1600m 时加测陀螺方位角的方法提高控制导线精度。

① 外业测量

以左线为例，陀螺方位角测量分别选择地面首级控制点 0193 至 QTD、地下导线左线最前端为 Z807 至 Z1205 共计两条导线边开展陀螺方位测量工作（图 C-6）。地面地下选定点分别架设仪器，现场记录仪器自动寻北获得北偏值、全站仪照准后视测角值，重复四次寻北测得四组读数取均值，获得陀螺方位角。注意测量前陀螺仪要适应外界环境，尽量选择温差小时进行测量。

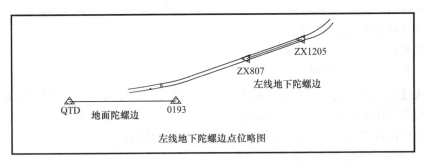

图 C-6　陀螺架站示意

② 内业处理

a. 仪器常数计算及其精度评定

根据地面控制点的坐标，计算 0193 至 QTD 的坐标方位角：

$$\alpha_{0193\text{至}\text{QTD}} = a\tan\left(\frac{Y_{\text{QTD}} - Y_{0193}}{X_{\text{QTD}} - X_{0193}}\right) = 0°28'12.9''$$

式中，α 为测线坐标方位角。

Ⅰ. 测站点的子午线收敛角转换求得见表 C-1。

南京地区坐标转换计算成果　　　　　　　　　　表 C-1

点号	原成果 成果为54北京坐标系		新成果 成果为92南京坐标系		收敛角
	坐标 X	坐标 Y	坐标 X	坐标 Y	
193	3511866.841	388891.395	111222.855	134269.170	−0.00105227
QTD	3512545.485	388904.240	111901.495	134274.740	−0.00105138
Z807	3510894.632	389440.705	110256.731	134828.780	0.00005540
Z1205	3510464.873	359651.702	109829.320	135044.336	0.00048570

Ⅱ. 计算 0193 至 QTD 的真北方位角：

$$A_{0193nQTD} = \alpha_{0193nQTD} + \gamma_{0193} = 0°28'12.9'' + (-0°0'10.5'') = 0°28'2.4''$$

式中，A 为测线真北方位角；
　　　α 为测线坐标方位角；
　　　γ 为测站点子午线收敛角。

Ⅲ. 计算陀螺仪常数

根据 $A_{0193至QTD} = T_{0193至QTD} + \Delta$ 计算陀螺仪常数，式中 A 为测线真北方位角，T 为测线的陀螺方位角，Δ 为陀螺仪常数见表 C-2。

陀螺仪常数计算　　　　　　　　　　表 C-2

测线	陀螺方位角 T (° ′ ″)	真北方位角 (° ′ ″)	仪器常数(″)	V(″)	VV(″)
0193 至 QTD	180 28 08.1	180 28 02.4	−5.7	0.7	0.5
	180 28 10.1		−7.7	−1.3	1.7
	180 28 10.1		−7.7	−1.3	1.7
	180 28 07.1		−4.7	1.7	2.9
		平均值	−6.4	−0.05	1.7

本次通过地面点测定的陀螺仪常数：$\Delta = -6.4''$
本次陀螺仪常数的测定中误差：

Ⅳ. 陀螺仪常数成果精度

本次通过地面点测定的陀螺仪常数为 $-6.4''$，测定中误差为 $1.5''$。陀螺仪仪器鉴定证书中标定的陀螺仪常数为 $-5.9''$，两者较差为 $0.5''$，说明该陀螺仪工作状态较为稳定，本次测定的陀螺仪常数可用于计算地下陀螺方位角时代入使用。

b. 地下陀螺边坐标方位角推算

Ⅰ. 地下陀螺边真北方位角计算

根据 $A = T + \Delta$，将上述计算得到的陀螺仪常数，配合地下左线测定的陀螺方位角成果，可计算出左右测线的真北方位角见表 C-3。

地下陀螺边真北方位角计算　　　　　　　　　　表 C-3

测线	陀螺方位角 (° ′ ″)	陀螺仪常数 (° ′ ″)	真北方位角 (° ′ ″)
Z1205 至 Z807	333 14 17.4	−0 0 6.4	333 14 11.0

Ⅱ. 地下陀螺边坐标方位角计算

根据 $A=\alpha+\gamma$，可计算出地下左右线陀螺边的坐标方位角见表 C-4。

地下陀螺边坐标方位角计算　　　　　　　　　　　　　表 C-4

测线	真北方位角（°　′　″）	子午线收敛角（°　′　″）	陀螺推算坐标方位角（°　′　″）
Z1205 至 Z807	333　14　11.0	0　0　4.9	333　14　6.1

c. 地下陀螺边推算方位角与坐标反算方位角对比

根据原坐标成果反算坐标方位角值，并与陀螺推算的坐标方位角对比见表 C-5。

地下陀螺边推算方位角与坐标反算方位角对比情况　　　表 C-5

测线	坐标反算方位角（°　′　″）	推算坐标方位角（°　′　″）	较差（°　′　″）
Z1205 至 Z807	333　14　12.3	333　14　6.1	−0　0　6.2

本次地下陀螺边推算成果与坐标反算成果较差左线为 −6.2″，说明地下导线总体测量精度较高。因为地下导线测量具有系统性的误差传递，导致其在延伸中出现系统偏差。而高精度陀螺仪成果依赖地球自转角动量，所测定的方位角属于完全独立的观测值，不受任何系统误差的传递影响，故原则上应采用陀螺仪推算的坐标方位角成果。

（3）盾构导向姿态控制措施

1）衬砌环的力学受力分析

右线隧道长 2390m，左线隧道长 2380.141m，合计长 4770.141m。线路最小水平曲半径 1000m，最大坡度 28‰，最小坡度 −3.015‰，隧道埋深 7~15m。区间隧道采用盾构法施工，引进德国土压平衡式盾构机，盾构机刀盘直径 6480mm。共有 32 台推进千斤顶，单台千斤顶最大推力 1330kN。

隧道衬砌采用预制钢筋混凝土管片，管片环内径 5500mm，管片宽度 1200mm，单个衬砌环由 5+1 块管片（3 个标准块、2 个邻接块和 1 个 K 块）拼装而成，环与环之间采用错缝拼装。共有 2 种环片形式，即标准环（用于直线段）、左转弯环（用于左转弯段）。

左线里程 ZDK6+400-500 段曲线半径 2100m，坡度为 28‰ 左转弯为例，地质条件主要中风化安山岩，推进参数如下：总推力 8000~12000kN，刀盘转速 1.3~2.0rpm，刀盘扭矩 70~130MN·m。

① 横向水平受力分析如下：

如图 C-7 所示，同一断面地质相同；各千斤顶轴线相互平行，即千斤顶轴线与衬砌环轴线成相同夹角；故理想化假设推力只与推进行程有关。

求得左右千斤顶推力相对关系：$\dfrac{F_2}{F_1}=\dfrac{L_2}{L_1+d\tan\alpha}$，式中：$d$ 为千斤顶相对直径，α 为曲线缓圆段推进每环设计夹角，L_1 为右侧千斤顶行程，F_1 为右侧千斤顶推力，L_2 为左侧千斤顶行程，F_2 为右侧千斤顶推力。

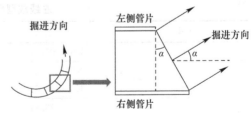

图 C-7　隧道转弯处受力分析示意（俯视）

经计算得出曲线缓圆段推进每环设计夹角为 0°01′57.9″，所以右侧三组千斤顶行程要比左侧千斤顶行程大 3.3m。曲线半径大于 2000m 时横向的受力可忽略不计，假设等同于右侧推力是左侧推力的 1.003 倍，由此可见在转弯半径很大时，推力对管片有向左偏微小矢量。

② 垂直方向受力分析如下：

a. 地质条件影响

该段地质主要穿越③-3a+C1-2层粉质黏土、J3l-2强风化安山岩、J3l-3中等风化安山岩、J3l-3p中等风化安山岩。穿越地层为上软下硬的复合地层。

b. 土压力影响

土仓顶部压力 P_1：

$$P_1 = K\gamma h_1 + \gamma_w h_1 = 0.43 \times 19.4 \times (6.26 \sim 8.64) + 9.8 \times (6.26 \sim 8.64)$$
$$= 114 \sim 157 \mathrm{kPa}$$

土仓底部压力 P_2：

$$P_2 = K\gamma h_2 + \gamma_w h_2 = 0.48 \times 19.4 \times (12.46 \sim 14.84) + 9.8 \times (12.46 \sim 14.84)$$
$$= 238 \sim 284 \mathrm{kPa}$$

式中 K 为侧土压力系数，γ 为土的密度，γ_w 为水的密度，h_1 为地表到盾构机顶部埋深，h_2 为地表到盾构机底部埋深。

综上所述，盾构底部推力大于顶部推力，故管片受到垂直受力向上的力。

2）实测成型环管片姿态与力学机理分析结论

由表C-6、表C-7数据分析，管片上浮现象频频出现，且较为严重，主要原因是受地质条件、土仓压力、管片的受力不均影响，故为了后期较小的变化导致成型环贯通超限应采取以下措施：

① 使刀盘和管片拼装机朝两个方向的旋转基本保持在均衡状态；

② 操作时应尽可能使各组千斤顶推力保持平衡，特别应缩小上下千斤顶推力的差异；

③ 也可加强衬砌环的抗阻力来减小或消除衬砌环的扭转，如对螺栓进行复紧工作，缩短浆液的凝固时间等。

所以，因受施工条件影响，隧道贯通测量成型环管片容易出现侵线，为了更好地控制贯通精度，应采取在施工过程中提前做出相应的偏差预判值，盾构机导向姿态垂直应控制在-60~-50mm之间为宜。

左线成型环管片后期变化　　　　　　　　　　　　　　　　表 C-6

环号	里程	实测高程后期变化（mm）	实测轴线后期变化（mm）
1710	K6+405.679	94	-2
1715	K6+411.875	82	6
1720	K6+417.521	76	10
1725	K6+423.671	79	10
1730	K6+429.76	49	18
1735	K6+435.754	37	9
1740	K6+441.793	87	16
1745	K6+447.955	77	19
1750	K6+453.956	79	26
1755	K6+459.917	57	15
1760	K6+466.239	69	27

盾构掘进推力参数　　　　　　　　　　表 C-7

环号	里程	千斤顶推力（bar）			
		A	B	C	D
1710	K6+405.679	42	47	95	43
1715	K6+411.875	43	49	90	44
1720	K6+417.521	42	45	92	42
1725	K6+423.671	45	46	102	45
1730	K6+429.76	56	60	98	56
1735	K6+435.754	52	55	95	52
1740	K6+441.793	53	58	105	53
1745	K6+447.955	46	46	90	45
1750	K6+453.956	43	49	90	40
1755	K6+459.917	56	58	90	56
1760	K6+466.239	44	48	93	45

C.2 仪器及人员配置

测量仪器及操作人员的配置见表 C-8。

测量仪器和设备　　　　　　　　　　表 C-8

序号	仪器设备名称	型号规格	数量	精度
1	全站仪	徕卡 TS30	一套	±0.5″
2	电子水准仪	天宝 DINI03	一套	0.3mm
3	钢尺	LD-G750/50m	两把	1mm
4	对讲机	顺风耳 5km	5个	
5	钢丝绳	φ0.3mm	50m	
6	柴油及油桶		两桶	
7	遮阳伞		一把	

C.3 质量控制

所有观测点都为强制观测墩，井下控制点选择管片稳定的位置，并贴有警戒标志，严禁触碰，半月进行一次导线复测，地面测量雨天或炎热天气施工时，必须采用遮阳伞保护仪器，专人对测量仪器进行保养。

C.4 安全措施

做好地表沉降监测工作，对洞内成型环管片进行跟踪变形监测工作，出现预警应及时采取相应措施，必要时停止施工，直至监测稳定恢复施工，洞内测量穿戴防滑鞋、安全帽。

C.5 环保措施

施工测量后的各种废弃物不得乱放,如喷漆、柴油,不得随意乱涂或溢洒。

C.6 效益分析

该测量工法精度高、速度快、人工少,大大提高了贯通测量质量,避免后期变化带来的侵线处理问题,节省后期经济费用约 50 万元。

C.7 应用实例及误差分析

线路自盾构井始发后,向东南前进。线路线间距约 13.5m,长 2390m,地面标高 9.03~22.49m,北高南低。盾构区间最小曲线半径 1000m,最大线路纵坡 2.8%。隧道穿越地层为土、岩复合地层,岩层强度变化较大,局部破碎。地下水以承压水与裂隙水为主,分布范围及水量变化较大,以地下径流为主要排泄方式。

宁高城际轨道交通二期应用此工法,隧道贯通限差测量高程合格率96%,中线合格率100%。详见表 C-9。

左线盾构区间成型环管片贯通测量　　　　表 C-9

序号	环号	允许偏差		备注
		高程 100mm	中线 100mm	
1	1~200	165~185 环超限	无	最大数值为 139mm
2	201~400	无	无	
3	401~600	525~540 环超限	无	最大数值为 161mm
4	601~800	无	无	
5	801~1000	无	无	
6	1001~1200	无	无	
7	1201~1400	无	无	
8	1401~1600	1515~1545 环超限	无	最大数值为 144mm
9	1601~1900	无	无	

C.8 本章小结

长距离盾构隧道贯通限差控制技术可以定量分析隧道施工轴线与设计轴线间偏差趋势,预算成型环管片后期变化,并根据误差预测值实施掘进姿态超前干预,隧道贯通限差测量合格率96%以上,具有精度高、操作简便的优点。

附录 D 盾构隧道出渣泥渣分离施工工法

盾构施工技术在我国已经进入广泛使用阶段。然而盾构出渣问题一直以来困扰着、甚至制约着盾构施工的进一步发展。为解决盾构出渣麻烦、撒漏出渣效率低等问题，提高盾构施工效率，特开展了"盾构隧道出渣泥渣分离施工工法"的课题研究，系统地研究了盾构出渣泥渣分离的利弊及其适用性。该工法在宁高轨道交通二期工程盾构隧道出渣中得到了成功的应用，经济效益和社会效益显著，为此开发泥渣分离技术，予以推广应用。

D.1 工法特点

盾构法隧道施工中，出渣及弃渣场征地是施工中重要的一个环节。传统方法即采用出渣车进行外运弃渣。该弃渣方式存在撒漏、装渣量小、路面清扫麻烦、运距远等缺点。

针对传统出渣方式的缺点，借鉴采石场碎石分离的筛分原理，再辅以冲洗系统。即盾构出渣经挖机转运至筛分设备经水冲洗后筛分得到不同粒径碎石，详见图 D-1、图 D-2。

图 D-1 筛分设备

图 D-2 泥渣分离图

工法特点：
（1）本工法可根据现场实际需要增加或减少粒径种类（改进筛分设备），适应性强。
（2）经筛分后碎石可重复利用，变废为宝。
（3）本工法操作简便，工人经简单培训即可上岗操作，操作人员少。
（4）投入机械少，费用较少，收益周期长。
（5）可增大单车的装渣量，提高装渣效率。
（6）可全天候操作，不受天气影响，能满足盾构掘进的出渣要求。

D.2 适用范围

本工法适用于城市地铁或城际轨道的石质隧道出渣，在长大石质隧道施工中效益更为可观。

D.3 工艺原理

基于石质隧道，隧道挖出的碎石可重复利用的特点，借鉴采石场碎石分级筛分原理，采用泥渣分离、碎石分级方法，泥渣、碎石分别外运的施工方式进行弃渣外运。

D.4 机械设备

工法所需设备见表 D-1。

主要机械设备配置表　　　　　　　　　　　表 D-1

序号	设备名称	型号	数量（台）	备注
1	挖掘机	200	2	1台用于取渣，1台用于沉淀后的泥渣外运
2	装载机	50	1	用于装渣外运或场内倒运
3	自卸车	25T	4	用于碎石外运，可根据实际情况增加或减少
4	自制筛分机设备	——	1	自带冲洗系统，可根据需要设置不同规格的筛网
5	料仓	——	4	根据实际需要设置，用砖砌筑即可，留置1个备用
6	沉淀池	——	1	场地条件允许时可设置2个，循环利用
7	蓄水池	——	1	
8	抽水泵	——	2	1个用于抽水冲洗泥渣，1个用于沉淀后清水回收

D.5 劳动力组织

劳动力根据岗位分工不同，配备情况见表 D-2。

劳动力配置表　　　　　　　　　　表 D-2

序号	岗位分工	人数	备注
1	挖掘机司机	4	白晚班各 2 个
2	装载机司机	2	白晚班各 1 个
3	自卸车司机	8	白晚班各 4 个
4	设备看管员	4	白晚班各 2 个
5	杂工	4	白晚班各 2 个
6	设备维修员	2	白晚班各 1 个

D.6 施工工艺流程及操作要点

（1）盾构出渣泥渣分离施工工艺流程，详见图 D-3。

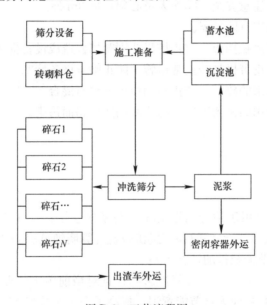

图 D-3　工艺流程图

（2）施工操作要点

本工法应用宁高城际轨道交通二期盾构隧道出渣为例。

1）施工前准备

① 砌筑料仓 4 个（根据实际情况设置）。料仓地坪采用 $D25$ 混凝土厚度 25cm 浇筑而成，隔墙采用砌砖，墙厚 24cm，墙高 120cm。

② 蓄水池。蓄水池规格为：20m×10m×1.5m，蓄水高度 1.2m，容积为：240m³。基础为 $D25$ 混凝土厚度 25cm。墙为砌砖结构，厚 24cm。

③ 沉淀池。规格为：20m×20m×1.5m，泥浆高度 1.2m，容积为：480m³。基础为 $D25$ 混凝土厚度 25cm。墙为砌砖结构，厚 24cm。

④ 筛分设备（带冲洗系统）。筛分设备由 4 个筛分网、振动器和配套的输送带组成。

⑤ 抽浆管采用大管径塑料硬质管。

2) 操作方法

① 盾构出渣渣土通过龙门吊垂直运输至盾构渣池。

② 用挖机将盾构渣池里的渣土装载到渣土筛分设备（自带冲洗设备）进行水洗筛分，筛分设备从上至下共设有 N 层规格过滤网（可根据实际需要设置），原渣土通过水洗后振动筛分，最终得到 N 种粒径的碎石以及粒径极小的泥浆。N 种粒径的碎石经输送带传送到不同料仓堆放。完全通过过滤网的泥浆通过自导流槽流入沉淀池。

③ 若附近有弃渣场时，可通过泥浆泵将沉淀池中的泥浆抽到密封良好的弃渣场。泥浆在弃渣场进行沉淀后将上层清水抽回到蓄水池中经沉淀再可用于②中的冲洗过滤。

若附近无弃渣场时，沉淀池中的泥浆经沉淀后将上层清水抽回到蓄水池中经沉淀再可用于②中的冲洗过滤。

④ 采用出渣车装运碎石，密闭的容器装运经沉淀的泥浆。

3) 注意事项

① 筛分设备运转时注意安全，操作人员必须远离 3m 外。

② 筛分设备皮带机应有防护罩。

③ 挖机上料时严禁碰触挡板，防止挖机斗刮蹭挡板造成设备损坏。

④ 操作人员应巡视皮带机是否正常运转，防止筛分设备堵塞。

⑤ 尽快运走筛分出来的碎石，防止不同粒径的碎石混合。

⑥ 泥浆运输应有专用的密闭容器，防止滴漏造成路面污染。

D.7 效益分析

（1）经济效益分析

本工法筛分的碎石可用于搅拌站混凝土、路基底层填料、基坑回填、施工便道填筑等。变废为宝，取得了良好的经济效益。经济效益计算明细见表 D-3。

（2）项目实施后的节能减排的社会效益

项目应用后不仅对环境保护具有积极影响；且对当前施工作业节能减排具有推动作用；同时有利于提高项目从业人员节能意识，提高了企业人员节能减排的积极性。

经济效益计算详表　　　　　表 D-3

项目	序号	名称	单价（元/m³）	数量（实方，m³）	合价（元）
传统出渣	1	装车费（元）	4.6	86753	399064
	2	运输费（元）	15.2	86753	1318646
	3	文明施工费（元）	6.5	86753	563895
	4	合计（元）	26.3	86753	2281605
泥渣分离技术	1	设备费用（元）	2.4	86753	208207
	2	挖装费用（元）	4.6	86753	399064
	3	石子倒运费（元）	6.4	86753	555219
	4	人工费（元）	2.1	86753	182181
	5	电费（元）	0.7	86753	60727
	6	合计（元）	16.2	86753	1405398

续表

项目	序号	名称	单价（元/m³）	数量（实方，m³）	合价（元）
筛分后的石子收益	1	洗渣后石子收益（元）	40	29000	1160000
	2	合计（元）	40	29000	1160000
总体效益	1	总体效益（元） ＝传统出渣费用合计 －泥渣分离技术费用合计 ＋筛分后的石子收益合计	—	—	2036207

注：
(1) 装车费：专门配备一台挖掘机（每月发生费用约40000元），盾构区间每月掘进量为250环（折合8712m³渣土），每方渣土挖装价格为4.6元/m³。
(2) 运输费：采用泥浆车运输，车的尺寸为1.5×2.3×5.4＝18.63m³，每车水渣比例约为3:1，可以得出每车渣土含量为18.63/4＝4.6m³，自卸车运输价格为70元/车，每方渣土运输价格为70/4.6＝15.2元/m³。
(3) 文明施工费：配备一台推土机（每月发生费用约35000元），6个工人（每月费用约21600元），文明施工价格为（35000＋21600）/8712＝6.5元/m³。
(4) 设备费用：项目部购买相应钢材、小型机具制作，预计发生费用20万元，剩余盾构渣土量86753m³（2390单延米），折合费用为200000/86753＝2.4元/m³。
(5) 挖装费用：专门配备一台挖掘机（每月发生费用约40000元），盾构区间每月掘进量为250环（折合8712m³渣土），每方渣土挖装价格为4.6元/m³。
(6) 石子倒运费：自卸车的尺寸为1.5×2.3×5.4＝18.63m³（折合11m³天然方），自卸车运输价格为70元/车，每方渣土运输价格为70/11＝6.4元/m³。
(7) 人工费：配备4人进行现场清扫及设备操作，每月费用4×150×30＝18000元，折合单价＝18000/8712＝2.1元/m³。
(8) 电费：根据江苏省2013年城市轨道交通定额2-499得到抽1m³水用电量为0.25kW·h，需要三台水泵，每台水泵完成每平方米渣土分离抽水量为3m³，抽水所需电费＝0.25×0.85×3＝0.7元/m³。
(9) 洗渣后石子收益：盾构区间渣土共计86753天然方，洗渣后得到1/3的石子，约29000m³。

D.8 工法推广存在的问题及推广建议

泥渣分离技术适用渣土粒径范围广、分离速度快、设备投入少且节约用地，解决了环保、文明施工问题，并产生节能环保效益。该工法适合于含水量丰富的岩质隧道。成果应用后有利于环境保护，符合当前施工作业节能减排要求；同时有利于提高项目从业人员节能意识，提高企业人员节能减排的积极性。需要根据地质情况，合理确定沉淀池及料仓占地面积，工法实施前应及时完成土地征收工作。

附录 E 盾构掘进复合地层地表沉降控制技术

E.1 沉降监测方案

（1）监测点埋设

地表沉降观测点沿隧道中心线布置，盾构始发、到达 100m 范围间距 5m，其余地段一般间距 10m，重要建（构）筑物附近适当加密；盾构始发、到达 100m 范围内，每 20m 设一断面，其余地段每 30m 设一断面，在重要建构筑物附近适当加密。拱顶沉降、上浮观测点沿隧道前进方向每 4~10m 设一断面。

（2）监测方法

沉降测量使用 Topcon EL-502 型水准仪配合精密铟钢水准尺，采用水准测量的方法，按符合路线进行单程测量。垂直沉降监测点尽量选择纳入水准路线中，附近点按中间点进行测量，一个测站中间点测量超过 3 个时，必须重新校核后视点。水准观测按《城市轨道交通工程测量规范》GB/T 50308—2017 Ⅱ级水准观测技术要求观测。

E.2 地表沉降的空间分布规律

将 2015 年 5 月 13 日 EC133~EC139 四个断面监测点在发生的异常沉降数据以及持续观测的沉降数据绘制空间沉降图，如图 E-1~图 E-5 所示。

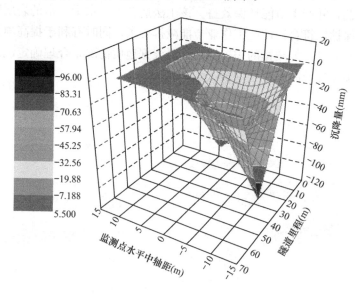

图 E-1 5 月 13 日地表沉降三维图

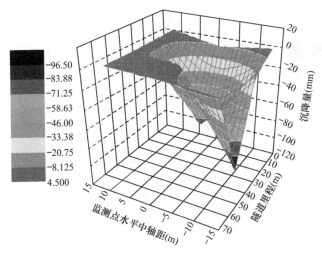

图 E-2　5 月 16 日地表沉降三维图

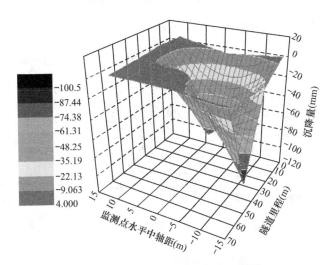

图 E-3　5 月 19 日地表沉降三维图

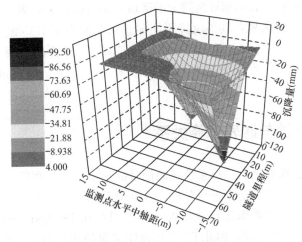

图 E-4　5 月 25 日地表沉降三维图

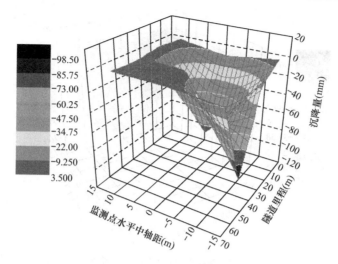

图 E-5　5 月 31 日地表沉降三维图

沉降监测点沉降情况平面分布如图 E-6 所示。

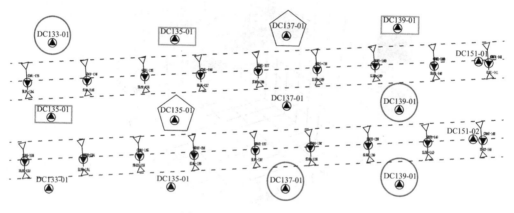

图 E-6　沉降特征平面显示图

图 E-6 中正五边形框内表示累计沉降大的区域，矩形框内表示累计沉降相对较小的区域，圆圈内表示发生隆起区域，其他沉降不明显。从监测点 EC135 断面的空间沉降可以看出，该处沉降槽呈"V"字形；从 EC133-01～EC13E-01 断面的空间沉降看出，该处沉降槽也呈"V"字形，即在本工程区域内的地层参数条件下，地表沉降遵循一般沉降规律。

E.3　注浆施工参数与地表沉降关系

由于整个隧道里程较长，盾构机系统自动记录的注浆施工参数较多，因此选取发生异常沉降时前后一段的注浆参数记录进行分析，详细情况如图 E-7 所示。

从图 E-7 可以看出，盾构盾尾注浆压力一般控制在 0.5～2bar（即 0.05～0.2MPa），其中 P1 注浆管设置于隧道拱顶，因此 P1 注浆管注浆量的多少对地表沉降起着关键作用，从图中可以看出，P1 注浆管注浆压力基本维持在 1.5bar 左右。现有盾构施工中，注浆量测量主要依靠注浆泵计次的方法，即通过记录注浆泵冲程次数乘以注浆泵的排量得到注入浆液的数量。因此注浆量与行程数大致呈线性关系，行程数的多少即表征注浆量的大小。左线 1040～1165 环中，注浆行程数大致在 100～300 次，主要集中在 200 次附近。已知 5 月 13 日发生的地表异常沉降对应管片环号在 1044 环附近。1044 环附近注浆压力都不超过 0.05MPa，行程数基本上都低于 100 次，由此可以判断出 1044 环附近注浆不充分，盾尾间隙未有效填充。由于浆液凝固收缩、前方盾构掘进扰动、后期降雨、地表活动等因素，造成 5 月 13 日的地表塌陷。由于在发生地表塌陷后及时对管片进行二次注浆，有效地控制了地表沉降的趋势。

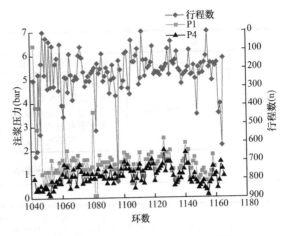

图 E-7　左线部分注浆参数统计图

E.4　地表沉降控制措施

各风险点沉降控制措施见表 E-1。

盾构侧穿区间地面建筑物沉降控制措施　　表 E-1

序号	措施类型	措施细则
1	主动控制	提前布置好监控监测点，房屋四个角落均有监测点
2	主动控制	提前做好规划、及时保养盾构机，尤其是刀盘刀具更换，盾构机在民房前后 30m 范围内原则上不允许开舱换刀
3	主动控制	盾构机到达民房处，增大监控监测频率，每 4h 一次，若发现地表沉降达到预警值时，应及时停机二次注浆，同时监控监测应每 2h 监测一次，实时指导井下推进作业
4	主动控制	盾构机通过民房处 30m 后每 5 环进行二次注浆

盾构下穿管线及地表水域各项沉降控制措施见表 E-2 及表 E-3。

盾构下穿地下管线保护措施　　表 E-2

序号	措施类型	措施细则
1	主动控制	采用人工挖探坑的办法探测出管道的位置及埋设深度，在管道上方埋设沉降观测点，间距 2m；徒盖西路路面按 5m 间距布设沉降观测点
2	主动控制	提前做好规划、及时保养盾构机，尤其是刀盘刀具更换，盾构机在徒盖西路前后 30m 范围内原则上不允许开舱换刀
3	主动控制	当盾构刀盘处于徒盖西路下方时，若确实需要开舱更换刀具，应加强地面沉降观测，根据观测结果及时恢复掘进或二次注浆，防止地面沉降过大引起路面塌陷，管道破损
4	主动控制	根据地层情况、隧道埋深制定合理的掘进参数，时刻留意掘进参数变化
5	主动控制及被动控制	严格控制出土量，尽量避免掘进时产生地层损失。通过推进进尺和出土量的比例来检验出土是否正常，当发生异常情况时，根据实际情况可采取提高土仓压力、加快推进速度等针对性措施

续表

序号	措施类型	措施细则
6	主动控制	调整好盾构姿态,防止由于盾构机纠偏过猛导致过量超挖造成地层变形挪动
7	主动控制及被动控制	做好同步注浆,及时填充管片背后的空隙; 同步注浆技术要求: ① 保证每环注浆量满足管片背后空隙的填充要求; ② 根据推进的进尺调整注浆速度,保证脱出盾尾的空隙及时得到填充; ③ 保证足够的注浆压力。必要时采取二次注浆

盾构下穿地表水分布区域沉降控制措施 表 E-3

序号	措施类型	措施细则
1	主动控制	较小、封闭的水塘可采取征地补偿回填的方式回填水塘,例如 YEK6+500~520 水塘即采用此处理方式
2	主动控制	根据盾构线路走向可知线路与地表排水渠、水塘主要以斜交的方式通过,根据地层情况(尤其是上软下硬地层)可临时采用土袋围堰临时封堵,待盾构机通过后再拆除土袋围堰
3	主动控制	盾构机下穿水塘、排水渠时,安排专人 24h 值班,时刻关注水面情况,发现异常时立即停机
4	主动控制	下穿水塘、排水渠段时采取快速通过,减少停机时间
5	主动控制	根据地层情况、隧道埋深制定合理的掘进参数,时刻留意掘进参数变化
6	主动控制及被动控制	严格控制出土量,尽量避免推进时产生地层损失。通过推进进尺和出土量的比例来检验出土是否正常,当发生异常情况时,根据实际情况可采取提高土仓压力、加快推进速度等针对性措施
7	主动控制	调整好盾构姿态,防止由于盾构机纠偏过猛导致过量超挖造成地层变形挪动
8	主动控制及被动控制	做好同步注浆,及时填充管片背后的空隙; 同步注浆技术要求: ① 保证每环注浆量满足管片背后空隙的填充要求; ② 根据推进的进尺调整注浆速度,保证脱出盾尾的空隙及时得到填充; ③ 保证足够的注浆压力。必要时采取二次注浆

E.5 本章小结

(1)盾构盾尾注浆拱顶注浆管 P1 的注浆压力控制在 1.5~2bar 能有效地控制地表沉降。注浆行程数需控制在 200 次以上,保证注浆量达到 5.0~6.7m³,减少地表沉降。

(2)二次注浆可以有效控制降雨、地表活动等因素导致的地表塌陷。

(3)将主动控制措施与被动控制措施相结合,有效控制盾构掘进引起的地表沉降,在地面建筑物沉降控制、管线保护及下穿水塘等环境下适用性良好。

参 考 文 献

[1] Ozdemir L, Miller R, Wang F-D. Mechanical Tunnel Boring-Prediction and Machine Design [R]. Colorado School of Mines, Golden, 1977.

[2] 王洪新, 傅德明. 土压平衡盾构掘进的数学物理模型及各参数间关系研究 [J]. 土木工程学报, 2006, 39 (9): 85-90.

[3] 管会生, 高波. 盾构刀盘扭矩估算的理论模型 [J]. 西南交通大学学报, 2008, 43 (2): 27-217.

[4] 李潮, 周宏伟, 左建平, 等. 土压平衡盾构刀盘扭矩计算方法与多因素量化分析 [J]. 岩石力学与工程学报, 2013, 32 (4): 760-766.

[5] Barton N. TBM performance estimation in rock using Q (TBM) [J]. Tunnels & Tunnelling International, 1999, 31 (9): 30-34.

[6] Bruland A. Hard rock tunnel boring [D]. Norwegian University of Science and Technology, 2000.

[7] 张厚美, 吴秀国, 曾伟华. 土压平衡式盾构掘进试验及掘进数学模型研究 [J]. 岩石力学与工程学报, 2005 (S2): 5762-5766.

[8] 宋克志, 杨华勋, 安凯, 等. 复杂岩石地层盾构掘进速率预测模型研究 [J]. 公路交通科技, 2008, 25 (11): 104-108.

[9] 李青松, 石豫川, 周春宏. 多元回归法在某水电站TBM施工隧洞围岩质量预测中的应用 [J]. 长江科学院院报, 2012, 29 (2): 41-45.

[10] Borio L, Peila D. Study of the Permeability of Foam Conditioned Soils with Laboratory Tests [J]. American Journal of Environmental Sciences, 2010, 6 (4): 365-370.

[11] Zumsteg R, Puzrin A M. Stickiness and adhesion of conditioned clay pastes [J]. Tunnelling and Underground Space Technology, 2012, 31 (5): 85-96.

[12] Peila D, Picchio A, Chieregato A. Earth pressure balance tunnelling in rock masses: Laboratory feasibility study of the conditioning process [J]. Tunnelling and Underground Space Technology, 2013, 35: 54-66.

[13] Peila D. Soil conditioning for EPB shield tunnelling [J]. KSCE Journal of Civil Engineering, 2014, 18 (3): 831-836.

[14] Anagnostou G, Kovari K. Face stability conditions with earth-pressure-balanced shields [J]. Tunnelling and Underground Space Technology, 1996, 11 (2): 164-173.

[15] 肖立, 张庆贺, 赵天石, 等. 泥水盾构同步注浆材料试验研究 [J]. 地下空间与工程学报, 2011, 7 (1): 5E-64.

[16] 游永锋, 梁奎生, 谭华灵. 盾构快速掘进下同步注浆材料优化配合比设计 [J]. 隧道建设, 2012, 32 (6): 815-820.

[17] 徐建平, 林文书, 许可, 等. 盾构隧道快硬高性能同步注浆材料研究 [J]. 隧道建设, 2014, 34 (2): 94-100.

[18] 李志明, 廖少明, 戴志仁. 盾构同步注浆填充机理及压力分布研究 [J]. 岩土工程学报, 2010, 32 (11): 1752-1757.

[19] 刘健, 张载松, 韩烨, 等. 考虑黏度时变性的水泥浆液盾构壁后注浆扩散规律及管片压力模型的试验研究 [J]. 岩土力学, 2015 (2): 361-368.

[20] 叶飞, 苟长飞, 陈治, 等. 盾构隧道同步注浆引起的地表变形分析 [J]. 岩土工程学报, 2014,

36（4）：618-624.

[21] 刘建国. 深圳地铁软硬不均复杂地层盾构施工对策［J］. 现代隧道技术，2010，47（5）：16-21.

[22] 英旭. 南京地铁机场线工程复合地层盾构隧道施工关键技术［J］. 施工技术，2016，45（15）：17-118.

[23] 曹曦，邵诚，安毅. 盾构密封舱土压预测及智能优化控制策略［J］. 煤炭学报，2015，40（12）：297E-2986.

[24] 丁保军，吴贤国，张立茂，等. 基于 DBN 的盾构隧道施工参数优化方法研究［J］. 岩石力学与工程学报，2015，34（s1）：3214-3222.

[25] 李守巨，霍军周，曹丽娟. 盾构机土压平衡系统的 ARMA 模型及其参数估计［J］. 煤炭学报，2014，39（11）：2201-2205.

[26] 卢浩，王明洋，夏沉谱，戎晓力. 土压平衡盾构刀盘扭矩计算模型［J］. 浙江大学学报（工学版），2014，48（9）：1640-1645.

[27] Fuller W B, Thompson S E. The laws of proportioning concrete［J］. Transactions of the American Society of Civil Engineers，1906，57（2）：67-143.

[28] Talbot A N, Richart F E. The strength of concrete-its relation to the cement, aggregates and water［J］. Illinois UnivEng Exp Sta Bulletin，1923，137：1-118.

[29] Swamee P K, OJHA C S P. Bed-load and suspended-load transport of nonuniform sediments［J］. Journal of Hydraulic Engineering，1991，117（6）：774-787.

[30] 朱俊高，郭万里，王元龙等. 连续级配土的级配方程及其适用性研究［J］. 岩土工程学报，2015，37（10）：1931-1936.

[31] 徐小荷，余静. 岩石破碎学［M］. 北京：煤炭工业出版社，1984.

[32] 方开泰. 正交与均匀试验设计［M］. 北京：科学出版社，2001.

[33] 林韵梅. 岩体基本质量定量分级标准 BQ 公式的研究［J］. 岩土工程学报，1999，21（4）：481-485.

[34] 王小江. 工程岩体基本质量指标和分级档次的研究［D］. 东北大学，2011.